Zucht und schöne Sitte

Eine Tugendlehre der Stauferzeit
mit 36 Bildern (16 davon farbig)
aus der Heidelberger Handschrift *Cod. Pal. Germ 389*
»Der Welsche Gast«
des Thomasîn von Zerclaere

Dr. Ludwig Reichert Verlag
Wiesbaden

Typographie und Buchgestaltung: Hermann Zapf Darmstadt
Fotos: Roland Zachmann Heidelberg
Der Umschlag zeigt die Folios 50^{r} und 54^{v}
in Format und Farben des Originals

CIP-Kurztitelaufnahme der Deutschen Bibliothek
Zucht und schoene Sitte : e. Tugendlehre d. Stauferzeit
mit 36 Bildern (16 davon farb.)
aus d. Heidelberger Hs. Cod. Pal. Germ 389
„Der Welsche Gast" von Thomasin von Zerclaere.
1. Aufl. — Wiesbaden : Reichert, 1977.
ISBN 3-920153-71-5

Gesamtherstellung Hubert & Co. Göttingen
Printed in Germany

INHALTSÜBERSICHT

I

Innerhalb der deutschen Literatur der Stauferzeit ist das Buch, das hier in einer Heidelberger Bilderhandschrift vorgelegt wird, als Sprachwerk eine Merkwürdigkeit, der nichts Vergleichbares zur Seite steht. Sein Verfasser war sich dessen bewußt, als er (in den Versen 1–140, Bl. 1^r–3^r) die »Vorrede« niederschrieb. Er stellt sich nachdrücklich als *Thomasîn von Zerclaere* vor, der in der lombardischen Markgrafschaft Friaul geboren ist *(ich bin von Friûle geborn)*. Und er nennt sein Buch, das »gute Kunde« *(guotiu maere)* bringen soll, einen »Welschen Gast« (Vers 89, Bl. 2^r; 14685, Bl. 224^r). Denn sein Wunsch ist, daß »deutsche Lande« diesen »Gast« so empfangen, wie dies eine »gute Hausfrau« tut, wenn ein Gast erscheint, der sie ehrt[1]). Warum bittet er aber um einen geziemenden Empfang? So gut er auch auf Grund seiner Herkunft »welsch« (will sagen: »romanisch«) schreiben kann, schreibt er doch ohne Einmischung »welscher« Worte »einfarbig deutsch«. Er weiß dabei sehr wohl, daß er die deutsche Sprache nicht wie ein Deutscher beherrscht. Vor allem im gereimten Versbau fühlt er sich keineswegs sicher. Gleichwohl wagt er für Weib und Mann in einer Art von Tugendlehre (in einer Gebrauchsethik) darzulegen, was *vrümkeit* und *zuht* (taugliches und gesittetes Benehmen) sei. Man muß freilich aus dem Schluß-

Autor

wort (aus den Versen 14627–14752, Bl. 223^r^–225^r^) zwei Einschränkungen in dies Ziel einschließen. Die erste ist grundsätzlicher Art. Der »Welsche Gast« wendet sich nur an den, der durch Anlage zum Guten erfüllen kann, was er gelesen hat. Lehre an sich vermag nicht den zum Guten tauglich zu machen, der ohne »Sinn« (ohne Verständnis), mithin ein »Tor« (ein Unbelehrbarer) ist. Die zweite Einschränkung führt auf gesellschaftliches Feld. Beim Schreiben denkt Thomasin nicht an jeden Deutschen schlechthin. Ausdrücklich wendet er sich an *vrume rîter*, *guote vrouwen*, *wîse pfaffen* (Vers 14695/96, Bl. 224^v^): an wackre Ritter, untadlige Ritterfrauen und an gelehrte Kleriker. Kurz: Aus seinem eigenen, ständisch bedingten Gesichtskreis heraus wendet er sich an Leser und Hörer, denen er zutraut, das richtig aufzunehmen, was er in seiner Sprache anbietet. Es sind Gruppen, von denen er annimmt, daß er sie durch »Lehre« auf literarischem Wege erreichen kann. Die Bauern dürfte er von vornherein nicht zu denen gerechnet haben, die sich auf literarischen Ebenen bewegen. Und von deutschen Stadtbewohnern hatte er offenbar nicht so viel Vorstellung, daß sie ihm erwähnenswert waren. Damit stehen wir zunächst vor der Frage, wann denn dies Verswerk auf die Pergamentblätter gekommen ist. Und abermals stoßen wir auf etwas, das in der deutschen Literatur der Stauferzeit, ja in der mittelalterlichdeutschen Literatur als Merkwürdigkeit für sich steht.

Den Kenner mittelalterlich-deutscher Verswerke überrascht, daß Thomasin selbst es ist, der uns verrät, wann er die Reinschrift und damit die erste Ausgabe seines Lehrbuches vollzogen hat. Es geschieht an zwei Stellen. Die erste Stelle: Gegen Ende des VIII Teiles wendet er sich mit einem drängenden Aufruf zur Kreuzfahrt an die »deutsche Ritterschaft«: Die Heiden haben Gottes Land und »Kristes Grab« erobert (Vers 11347–11830, Bl. 174^r–180^v). Dabei fällt der Satz: Seit »gut 28 Jahren« sei das Grab Christi, »unseres Herren«, verloren gegangen (Vers 11717–11722, Bl. 179^v). Zugleich wird »König Friedrich« aufgefordert zu vollenden, was »Kaiser Friedrich« (Barbarossa) und sein Vatersbruder Friedrich von Schwaben nicht zu vollenden vermochten. Die Aussagen sprechen deutlich genug. Sultan Saladin schlug im Juli 1187 die Christen bei Hittin am See Genezareth, im Dezember 1187 nahm er Jerusalem ein; Anfang 1188 drang die Kunde ins Abendland. Ergebnis: Thomasin schreibt diese Sätze etwa im Frühjahr 1216! Dazu fügt sich, daß Papst Innocenz III. auf dem 4. Laterankonzil im November 1215 zum Kreuzzug aufgerufen hatte. Indem sich Thomasin an den jungen Staufer Friedrich II. und gleichzeitig an die »Fürsten in deutschen Landen« wendet, klingt uns entgegen, wie stark auf ihn das Laterankonzil gewirkt hat. Ich erinnere zusätzlich daran, daß sich der bereits gekrönte Friedrich II. Ende Juli 1215 vorsorglich nochmals in Aachen zum »römischen König« krönen ließ. Noch weiter führt eine zweite Stelle. Im Anfang des IX. (des vorletzten) Teils spricht Thomasin mit seiner ermüdeten Schreibfeder, die ihm klagt, daß sie den ganzen Winter lang mehr als zehn Stunden habe schreiben müssen (Vers 12223–12350, Bl. 187^{r}–189^{r}): Gern wäre die Schreibfeder mit ihm wie ehedem »zu Hofe« gegangen, um Turnieren und Tanzen anzusehen, nun aber sei er ein »Klausner« geworden. Thomasin erinnert seine Schreibfeder daran, daß er acht Teile in acht Monaten verfaßt habe, sie solle noch zwei Monate (die Zeit für die letzten beiden Teile) wachen. Das zweite Ergebnis: Thomasin, Kleriker und »Hofmann«, hat zurückgezogen vor allem während eines norditalienischen Winters geschrieben und dabei für jeden Teil seines »Buches« etwa einen Monat gebraucht, der Entwurf für die zwei letzten Teile liegt vor. Im Hochsommer 1215 mag er mit der Ausarbeitung begonnen haben, etwa im Frühjahr 1216 wird er abschließen. Zum Überfluß sagt uns Thomasin am Ende des II. Teils, er denke noch daran, wie Verona, Brescia, Vicenza, Ferrara (Städte seiner näheren Umgebung) über sich hätten zerstörende Kämpfe ergehen lassen müssen. So habe er Tage der Zwietracht und des Krieges erlebt, obwohl er »nicht dreißig Jahre« alt sei (Vers 2439–2454, Bl. 38^{v}–39^{r}, besonders Vers 2445). Zu Beginn seiner Arbeit stand er also, ein bald Dreißigjähriger, nach mittelalterlichen Begriffen ausgereift auf der Höhe seines Lebens[2]). Er wird mithin nicht lange nach 1185 geboren sein. Nimmt man all dies zusammen, so zeigt dieser gelehrte norditalienische Kleriker, der sich, deutsch schreibend, nachdrücklich an deutschsprachige Kreise wendet, ein bewußtes Gefühl für die geschichtlich-meßbare Zeit, wie es in dieser Weise sonst nicht in der mittelalterlich-deutschen Literatur anzutreffen ist. Seine literarische Sonderstellung, die er stark empfindet, mag dies nach Ausdruck suchende Zeitbewußtsein zum Durchbruch gebracht haben.

Damit ist es nicht genug. Wir können Thomasin urkundlich festlegen und zugleich seine geschichtliche und mit ihr seine gesellschaftliche Umwelt verhältnismäßig gut erschließen[3]). In einer Urkunde vom Januar 1217, die in der Bibliotheca Civica Cividale liegt, wird für das friaulische Aquileja ein »Thomasinus canonicus Aquilegensis« genannt; in einem »Necrologium« der »Ecclesia« (des Domes?) von Aquileja wird ohne Zeitangabe der Tod eines Kanonikers (eines Domherrn) »Thomasinus de Cerclara« vermerkt. Wir haben damit eindeutige Zeugnisse, die unseren Thomasin mit Aquileja verbinden. Aus anderen Urkunden läßt sich vermuten, daß er einer Familie entstammt, die zum Patriziat von Cividale gehört und im Rang Rittern der Ministerialenstufe gleichsteht. In Aquileja mag er zur Domschule gegangen sein, ehe er zum Domherrn aufrückte. Entscheidender für uns: Dies Urkundliche stimmt zu allem, was wir über Thomasin aus dem ›Welschen Gast‹ erfahren. Thomasin war im Anfang des 13. Jahrhunderts in der Mark Friaul am Hofe des Patriarchen von Aquileja tätig. Was heißt dies aber für jene Zeit?

Seit dem späteren 11. Jahrhundert ist der Patriarch von Aquileja in einem weiten (dem Herzogtum Kärnten nahen) Gebiet auf italienischem Boden inmitten deutschen Adels und deutscher Ritterschaft Kirchenfürst und Reichsfürst zugleich. Um das Jahr 1200 waren unter dem Patriarchen Peregrin (Pilgrim) II. die politischen Verhältnisse in Verwirrung geraten. Nach dem Tode des kranken Mannes folgte ihm im Frühsommer 1204 einer der klügsten Diplomaten jener Tage, der Passauer Bischof Wolfger von Erla[4]). Um Thomasins willen müssen wir kurz bei ihm verweilen. Der Kanonikus Wolfger, von Geburt ein Niederösterreicher, besteigt im Sommer 1191 den Passauer Bischofsstuhl; seine Diözese reicht ostwärts über Wien hinaus. Bald wird er zum »Vermittler« in den politischen Auseinandersetzungen zwischen dem Reich und der Kurie. Am Kreuzzug 1197/1198 nimmt er mit dem Babenberger Herzog Friedrich I. teil; in den Wirren, die dem jähen Tode Kaiser Heinrichs VI. folgen, steht er mit Klugheit auf staufischer Seite. Im Sommer 1204 übernimmt er, vom Papste Innocenz III. bestätigt, das Patriarchat von Aquileja, das unter ihm als Gebiet einer Grenzmark zu einer Brückenstelle der großen Politik wird. Nach der Ermordung des Staufers Philipp von Schwaben vom 21. Januar 1208 steigt er im Januar 1209 zum Reichslegaten auf. Auch fällt ihm als Reichslehen durch Urkunde vom Mai 1210 die Markgrafschaft Krain-Istrien zu. Im Frühherbst zieht er mit König Otto IV., dem Welfen, von Bologna aus nach Rom. Fast selbstverständlich weilt er dort am 4. Oktober 1209 bei der Krönung Ottos. Doch zieht er sich im Sommer 1210 von Otto zurück, als dieser in ein gespanntes Verhältnis zur Kurie tritt. Er geht nunmehr mit Eifer seinen Pflichten im Patriarchat und in der Markgrafschaft nach. Im Frühjahr 1214 läßt er sich durch den jungen Staufer Friedrich II. seine Rechte bestätigen. Am 4. Laterankonzil vom November 1215 nimmt er teil, damals bereits ein hochbetagter Mann; schon als er Bischof von Passau wurde, stand er wahrscheinlich am Ende seines fünften Jahrzehnts. Seine letzte diplomatische Tat von Rang war, daß er im Frühjahr 1216 zwischen Treviso und Venedig, auch zwischen Padua und Venedig Frieden stiftete. Er stirbt im Januar 1218. Dies dürfte hinreichen, um einen Eindruck zu vermitteln, in welcher politischen und geistigen Atmosphäre Thomasin zur Feder griff. Es empfiehlt sich daher schon jetzt in wenigen Sätzen anzudeuten, wieweit Zeitspannungen und Zeitereignisse in Thomasins Werk spürbar werden.

Am ergiebigsten ist der versreiche 8. Teil des

›Welschen Gastes‹ (Vers 9851–12220, Bl. 152v–187r), der der »Untugend« der *unmâze* (dem Mangel an Sinn für das Gemäße) mit oft leidenschaftlichen Worten nachgeht. Nach der These, daß jedes Äußere immer auch für ein Inneres bezeichnend sei (Vers 10436–10440, Bl. 160v), fühlt sich Thomasin gedrängt, den gescheiterten Welfen Otto IV. (»Herrn Otte«) in sein Verswerk hineinzuziehen (Vers 10471–10568, Bl. 161r–162v). Mehr als acht Wochen ist er in der Lombardei und in Rom in dessen Nähe gewesen. Mißfallen hat ihm, daß Otto auf seinem Schilde drei Löwen und einen halben Adler zeigte. Ein *biderber* (ein redlicher) Mann begnügt sich mit einem Löwen. Ein halber Adler aber ist zu wenig, denn er kann nicht fliegen. Viele sagen denn auch, »Herr Otte« habe das »Reich« wegen seines *übermuotes* (seiner Hochfahrt) verloren. Thomasin will sich nicht an dieser Schelte beteiligen. Aber ein *bilde* (ein warnendes Beispiel) soll sich jedermann an Ottos Schicksal nehmen. Als es einst so aussah, als ob er gegenüber »König Philipp« (dem Staufer Philipp von Schwaben) das »Reich« behalten sollte, nahm Philipps Kraft bis zu dessen Tode zu. Nun ist Otto zum zweiten Male vom »Reiche« geschieden. Wer zweimal in einen Strick fällt, dem fehlt es an *sin* (an »Verstand«); wer sich unter Gott demütigt, der fällt nicht in Schande. Noch besser sieht man in Thomasin hinein, als er anschließend, ohne einen Namen zu nennen, ein Beispiel gegenteiliger Art folgen läßt (Vers 10569–10584, Bl. 162^{v}–163^{r}). Man war sich gewiß, daß *unser kint* (der zu uns gehörende »junge Mann«) Apulien (den Festlandsteil des süditalischen Normannenreiches) verlieren werde. Statt dessen gab ihm Gott zu Apulien die »deutschen Lande« hinzu, da eine gut gewachsene Gerte stets gut weiterwächst[5]). Ich denke, die Anspielungen sprechen für sich. Thomasin ist im Gefolge des Patriarchen Wolfger dabei gewesen, als König Otto IV. im Hochsommer 1209 über den Brenner in die Lombardei kam, um mit dem Papste Innocenz III. zusammenzutreffen, und Anfang Oktober 1209 in Rom zum Kaiser gekrönt wurde. Er hat dann noch aus der Entfernung erlebt, wie sich Otto verleiten ließ, gegen den jungen staufischen Normannen Friedrich (II.) bis zur Südspitze Italiens zu ziehen. Alles Folgende: die Bannung Ottos IV. vom Spätherbst 1210 und vom Frühjahr 1211, die Nürnberger Wahl des Staufers Friedrichs II. zum Kaiser vom September 1211, dessen Begegnung mit dem Papste in Rom vom Frühjahr 1212, Friedrichs (des noch nicht Achtzehnjährigen) Zug im Herbst 1212 nach Konstanz, all das und was sich anschließt, ist in den Satz zusammengezogen, daß Gott durch das Fallen Ottos Untreue und Hochfahrt gefällt hat. Man spürt, Thomasin fühlt sich eng der Politik des Patriarchen und Reichslegaten Wolfger verbunden; den jungen Staufer Friedrich II. begrüßt er noch in der Reinschrift der Jahreswende 1215/16 fast wie einen Landsmann. Für diese Folgerungen gibt es noch einen deutlicheren Beweis.

In seiner Rede gegen *unmâze* und *übermuot* (gegen »intemperantia« und »superbia«) legt Thomasin abschließend fest, daß die Welt seiner Tage voll »Streit« sei, weil in ihr ohne *meisterschaft* (ohne verantwortliche Gesamtleitung), daher ohne Zucht und bindende Lehre gelebt werde. Dieser Gedanke führt ihn zu dem, der »unser Leben« als ein von Gott gegebener »Meister« in die Richte bringen soll und doch immer aus Haß und Neid gescholten wird: zum Papst, in diesem Falle zu Innocenz III., der, von Reformwillen geleitet, im November 1215 das 4. Laterankonzil abgehalten hatte (Vers 11091–11346, Bl. 170v–174r): Die »Christenheit« schände, wer von oben herab sage, ihr Haupt (der Papst) sei nicht gut. In einem nicht ganz eindeutigen Satze fügt Thomasin hinzu: Wäre ein Mann zehn Jahre bei ihm, ohne daß er seinen Charakter kenne, und spräche dann unbesonnen, der Papst sei ein böser Mann, so werde man sehen, wie er (Thomasin), sich bewahrend, abrücken könne (Vers 11111–11116, Bl. 171r). Erregt wendet er sich dagegen, daß über den Papst urteilt, wer ihn nie gesehen hat. Warum diese Erregung? Der Papst sei nicht auf Gewinn bedacht gewesen, als er großsinnig geraten habe, für den Zweck einer Kreuzfahrt einen »Stock« (einen »Opferstock«) in den Kirchen aufzustellen. Nach dieser Feststellung, die sich auf einen Ostererlaß des Papstes vom April 1213 bezieht, spielt Thomasin rückwärtsblickend auf zwei Sprüche an, die Walther von der Vogelweide etwa im späteren Jahre 1213 gegen den »Opferstock« gerichtet hatte, weil dieser nach seiner Ansicht »deutsches Gut« in des Papstes »welschen Schrein« füllen solle: Hätte der *guote knecht* (der »ritterbürtige« Mann) Thomasins Rat gehabt, so würde er nicht ausgesprochen haben, was vielen seiner guten Reden geschadet habe[6]). Thomasin kommt nicht schnell von dieser Mahnung weg, die ins Persönliche abschweift: Zeichen, daß dem Hof in Friaul recht unbehaglich gewesen war, als Walther etwa 1213/14 im Sinne Ottos IV. die Kurie heftigst angriff, während bereits Friedrich II., vom Papste begünstigt, aufzusteigen begann. Thomasin weist nicht nur die »Herren« (den Adel), die Dichter und Prediger an, mit den Worten behutsam umzugehen. Er wendet sich auch unmittelbar an Walther, ohne ihn mit Namen zu nennen. Der »liebe Freund« soll ihm sagen, ob er sich zutraue, in seinem ganzen Leben die Menge an Almosen zu geben, die aufwiege, was er in kurzer Zeit an Irrung in der Welt verursacht habe (Vers 11163–11250, Bl. 172^{rv}; die Verse 11201–11239 fehlen in A). Wir erfahren hier mindestens zweierlei: Walther dürfte nicht lange vor dem Frühjahr 1213 in Aquileja gut aufgenommen und Thomasin nahe gekommen sein. Der enttäuschte Thomasin suchte dem Patriarchen zu helfen, der sich in einer schwierigen Schwebelage zwischen »Reich« und »Kurie« halten mußte. Wir denken zugleich daran, daß inzwischen Otto IV. im Juli 1214 bei Bouvines (unweit Lille) geschlagen und Friedrich II. nach Kreuzzugsgelübde im Juli 1215 in Aachen zum »römischen« König gekrönt war: In jener Zeit war Thomasin für die Reinschrift gerüstet. Nicht schließen darf man übrigens aus dem dunklen »Zehn-Jahre«-Satz, Walther von der Vogelweide sei zehn Jahre lang immer wieder am Patriarchenhof eingekehrt. Eher könnte man ansetzen, Thomasin selbst habe sich damit im Jahre 1215 als zehnjähriger Angehöriger dieses Hofes bezeichnen wollen. Eins aber sehen wir deutlich genug: Thomasin war nicht »Irgendeiner«, der abseits vom großen Geschehen in seine Zeit hineinsprach. Er ist eng mit dem Hofe von Aquileja und dessen politischem Leben verbunden. Von dieser Brückenstelle aus spricht er an einer Wende der Geschichte über Kärnten und Österreich hinweg nach Deutschland hinein, um Denken und Wollen seiner Zeitgenossen zu beeinflussen. Als junger »Gelehrter« wird er zu den ständigen Begleitern des Patriarchen gehört haben[7]).

In diesem Zusammenhang noch ein besonderes Wort zu Thomasins Mahnung an die »deutsche Ritterschaft«, »Gottes Grab nicht zu vergessen«, das durch die Einnahme Jerusalems im Jahre 1187 verloren gegangen war (Vers 11347 ff., Bl 174^{r}).

Der Aufruf schließt an eine Versgruppe an, die sich gegen die »Ketzer« richtet (Vers 11269–11346, Bl. 173^{r}–174^{r}). Beide Versgruppen (die Rede gegen die »Ketzer«, die Mahnung zum Kreuzzug) setzen in ihrem Zusammenhalt das 4. Laterankonzil voraus, auf dem unter Innocenz III. die Ketzerfrage und die Kreuzzugsfrage behandelt wurden. Fast wie Einschub wirkt, daß nochmals ausdrücklich zunächst die »Fürsten von deutschen Landen« (Vers 11731 – 11786, Bl. 180^{r}; die Verse 11743 – 11786 fehlen in A) und anschließend Friedrich II. als *edel künic Friderîch* (Vers 11757–11830) durch Kreuzzugsanruf angesprochen werden. In Thomasins Ausarbeitung schwingt wohl hier ein, daß Friedrich II. im August 1215 in Aachen mit einem Kreuzzugsgelübde gekrönt war. Man spürt wiederum, wie eng sich der Friauler Thomasin dem in Süditalien groß gewordenen Staufer verbunden fühlte, vielleicht mehr verbunden fühlte als der greise Wolfger. Daß Friedrichs Kreuzzugsgelübde den Kreuzzugsplan Innocenzens störte, hat Thomasin schwerlich empfunden. Ihm kam es auf das Vorwärtstreiben des Kreuzzugsgedankens an[8]).

II

Gehalt

So ungewöhnlich unter Verhältnissen des frühen 13. Jahrhunderts ist, daß wir durch den Autor eines Werkes recht genau wissen, wann er seine Reinschrift vollzogen hat, wichtiger ist die Frage, was er in seinen Reimpaarversen sagt. Der Gehalt der locker gebundenen Versgefüge kann freilich im folgenden nur verkürzt und skizzenhaft aufgenommen werden. Hauptaufgabe muß dabei sein, im Ungefähren sichtbar zu machen, wie sich die zehn Teile des Werkes aneinandergliedern und wie sie untereinander zusammengehalten werden. Nur obenhin kann zusätzlich beachtet werden, wie sich die Teile in sich aufbauen, zumal die Forschung auf diese Frage noch nicht zureichend antwortet. Doch sei vermerkt, was uns ein »Prosavorwort« (eine knappe Inhaltsangabe) über die Gliederung des Ganzen in drei Sätzen mitteilt: ein »Prosavorwort«, das in der ältesten, der Heidelberger Pergamenthandschrift fehlt, aber dann in der Gothaer Pergamenthandschrift (einer Handschrift des frühen 14. Jahrhunderts) erscheint. Bemerkenswert ist, daß sich diese »Prosa« so gibt, wie wenn sie von Thomasin selbst verfaßt sei. Und die Zuverlässigkeit des Textes spricht zusätzlich dafür, daß Thomasin auch dies »Vorwort«, etwa für eine zweite Handschrift (gleichsam eine zweite »Ausgabe«) verfaßt hat. Im Eingang dieser »Prosa« heißt es: Die »Materie« des Buches sei in »zehn Teile« geteilt; jeder Teil habe »zehn Capitel, etliche mehr, etliche weniger«; jedes »Capitel« zerfalle in eine unregelmäßige Zahl von Redeabschnitten, die *liumunte* (»Leumunde«, Verlautbarungen) genannt werden. Vielleicht plante Thomasin »zehn Teile« in je »zehn Capiteln« abzuhandeln, um so auf hundert »Capitel« zu kommen. Aber eine solche nahezu renaissancehaft-regelmäßige Gliederung ist ihm dann doch nicht gelungen; die »Materie« hat ihm schließlich die Umfänge vorgeschrieben. Doch wie baut er die Massen seines Verswerkes auf?

Vorrede
Bl. 1^r–3^r

In der Vorrede stellt sich Thomasin nicht nur vor. Er begründet auch in ihr, warum er schreibt. Das Lesen »guter Schriftwerke« *(guoter maere)* wird mit dem Ziel verbunden, im Leben wirksam zu werden; Literatur und Leben sind aufeinander bezogen. Nur darum will Thomasin sagen, was *vrümkeit* und *zuht* (Zielstrebigkeit und Zucht), die Grundelemente von »Tugend« (virtus), für Weib und Mann bedeuten. Mit diesem »Programm« rechnet er auf die Huld Gaweins (die Huld des vorbildlichsten Ritters).

Erster Teil
Bl. 3^r–27^r

Der erste Teil paßt nicht ganz zur allgemein gehaltenen »Vorrede«. Denn nach einer Warnung vor Müßiggang wendet er sich ausdrücklich nur an »junge Leute«, wobei offen bleibt, wann die Jugendzeit endet. Männliche und weibliche Ritterjugend *(juncherren unde vröuwelîn)* sollen *schamec* sein, sie sollen sich aus seelischem Antrieb zurückhalten. Wie ständisch eingeschränkt in diesem Teil Thomasins Blickfeld ist, spürt man, wenn er ausdrücklich »sinnfällige *(schoene)* Hofzucht« (Vers 302) empfiehlt. Seine Lehren erstrecken sich bis in den Be-

5v

reich von Anstandsregeln. Es ist, wie wenn er am Hofe von Aquileja Erzieher *(meister)* der heranwachsenden Ritterjugend gewesen sei. Bis in den Alltag muß der Anstand herrschen. Doch nicht nur soll man an Lehren denken. Der Kluge wird sich nach denen richten, die sich vorbildlich verhalten; wie man sich nicht verhalten soll, erkennt man am
11r Verhalten des »Bauern« (V. 665). Grundsätzlich gilt: Den Menschen unterscheidet vom Tier, daß er *sin* (Vernunft, Verstand, Überlegung) hat. Darum soll er Erzählungen lesen und hören, die ihn bessern und vom Schlechten (von dem, was *boese* ist) abhalten. Als Beispiel einer Gestalt, die jungen Mädchen kein Vorbild sein kann, erscheint die »griechische Helena«, die zwar Schönheit, aber wenig Verstand
13v hatte (Vers 825) (ein Beispiel, bei dem man mitdenken muß, daß geistige Kräfte und Tugenden nicht getrennt werden). »Ganz und gar schön« kann nicht sein, bei dem sich nicht Schönheit mit
15v Treue und Zucht verbindet. (Vers 946). Wo aber können junge Leute in Erzählungen lesen, was ihnen nützt? Vorbilder für *juncvrouwen* (für ritterständige junge Mädchen) sind Andromache (die Frau Hektors), Enit (die Frau Erecs), Penelope (die Frau des Odysseus), Oenone (die erste, rechtmäßige Gemahlin des Trojaner Paris), Galjena (die sagenhafte Gemahlin Kaiser Karls), Blanscheflor (wohl die Geliebte des Floyris), Lucinia (? Hs. A: *Svcinia* = Lavinia, die Gattin des Eneas?), Sorda-

mor (die Mutter des Clies): alles »Königinnen«,
wenn man ihre innere Schönheit beachtet. Die
juncherren (die ritterbürtigen Jünglinge) sollen
König Artus und Kaiser Karl folgen; sie sollen an
Gawein, Clies, Erec, Iwein, Alexander, Tristan,
Seigrimos und Kalogriant denken; sie sollen nicht
Erben des trägen »Herrn Key« werden. Der Name
Keys weckt die Frage auf: *wâ bistu Parzivâl?* (Vers
1075). Man darf wohl wegen ihres überraschenden *17v*
Klanges als möglich ansetzen, daß von Bayern her
Wolframs ›Parzival‹ mindestens in Grundzügen am
Patriarchenhof bekannt geworden war. Im ganzen
umschreiben die weiblichen und männlichen Na-
men (Vers 1023–1078) recht anspruchsvoll jene *16v–*
höfische Bildungswelt, in die man sich damals hin- *17v*
einspielen kann. Man braucht daher nicht anzuneh-
men, daß sie sich Thomasin aus einer literarischen
Quelle herholt. Es sind Namen, die in einer Gesell-
schaft, die ihr Leben vom Literarischen her ver-
steht, schwebende Vorstellungen aufwecken so-
len.

Es überrascht, daß die hier flüchtig angeführte
Welt sagenhafter und märchenhafter Erzählungen
nicht mehr zur Erziehung und Bildung derer tau-
gen soll, die *ze sinne* (zur geistigen Reife) gekommen
sind. Die Spielwelt von »Aventüren« sei nur durch
bezeichenunge gut: durch das, was trotz erdichteter
Geschehnisse in bildhafter Darstellung gemeint
werde (Vers 1124). Ohne zureichende Überleitung *18r*

setzt sodann Thomasin zu einem in sich geschlossenen Thema an, das über die hinausweist, die noch nicht ausgereift sind. Er schreibt hier auf »deutsch«, was er früher in einem »Buche« über »höfisches Verhalten« auf »welsch« (*in welchischer zunge*, in »romanischer Sprache«!) gesagt hat. Titelsatz: Wer ohne Schande leben wolle, müsse die »Kraft der Minne« *mit schoenem sinne* (mit Anstand in seeli-
19r – schem Gleichgewicht) aushalten (Vers 1163–1706).
27r Minnelehre sei notwendig, weil die Minne durch ihre »Natur« den Weisen weiser, den Toren törichter mache. Von diesem Eingang her zeichnet Thomasin in reicher Abwandlung auf, wie sich Mann und Frau in sinnlich-seelischer Regung begegnen sollen. Das Ganze müht sich in Andeutungen um eine großzügig-weltkluge Morallehre, wobei die Ehe im Vorübergehen kaum vernehmbar ins Wort
25v kommt (Vers 1589–1592). Der weltmännische Thomasin hat übrigens das »welsche« Buch nach seiner Aussage auf Anregung, nämlich zu Ehren einer *vrouwe* (einer fürstlichen »Dame« der Rittergesellschaft?), geschrieben, die wissen wollte, wie man sich vor »falschen Minnern« schützen könne
25r (Vers 1555–1560). Er muß es als Lombarde in provenzalischer Sprache abgefaßt haben, da das Italienische im frühen 13. Jahrhundert noch keine literarische Sprache war. Ob ihm das früher Entworfene den Mut gegeben hat, sich nun auch im »Deutsch« seines Friauler Hofes zu versuchen? Wie

dem sei, nach diesem Ausflug auf ein engeres Feld kehrt er zu seiner »Materie«, seiner *gemeinen lêre* zurück.

Thomasin sucht eine *gemeine lêre* (eine Lehre, die allgemein gültig ist) aufzustellen, und zwar zunächst im Blick auf »Fürsten und Herren« (auf die Dynasten schlechthin). Denn von weither, also auch weithin wirken sie als »Vorbilder«; wir andern sollen an ihnen einen »Spiegel« haben, in dem wir uns (darin »Fürstinnen« gleich) betrachten (Vers 1761/62). *28 r* Nach Vorbildern leben: diese Art des Legendendenkens ist jenen Tagen fast selbstverständlich. Grundtugend fürstlichen Lebens und damit allen Lebens ist die *staete* (die innere Festigkeit, die Beharrlichkeit), da sie alle anderen Tugenden einschließt und begründet (Vers 1815–1820). Man überhöre nicht, daß Thomasin in Tagen öffentlicher Unruhe die constantia zur obersten Tugend erhebt. Er folgt darin nicht der Durchschnittslehre, sondern eigenem Empfinden, wozu man sich daran erinnern mag, daß er darin nicht weit von jenem Denken entfernt ist, von dem Wolfram von Eschenbach in seinem ›Parzival‹ bewegt wird. Indem sich sodann Thomasin über die Fürstenwelt hinaustreiben läßt, folgert er, daß sich »unedel« verhält, wem Rede und Herz nicht zusammenstimmen (Vers 2015/16). Die *un-* *32 r* *staetekeit* (das Hin- und Herschwanken) eines Fürsten zwingt seine Leute in den gleichen Zustand. Die Welt wurde als etwas erschaffen, das in allen Ab-

Zweiter Teil
Bl. 27^r–40^r

läufen Stetigkeit hat; allein der Mensch entfernt sich in ihr jeder Zeit von seiner »Natur« (Vers
37r 2335/36). Zum Beweis dieser These wird eine mittelalterlich-vollständige »Naturlehre« in Kurzfassung vorgelegt; um so deutlicher zeigt das Menschenleben seine ihm eigenen Züge. Nicht nur in seiner näheren Umgebung stellt der bald Dreißigjährige Uneinigkeit, Krieg, Mißgeschehen fest. Auch sonst findet er nirgends in dem für ihn überschaubaren geschichtlichen Raume Treue und Wahrheit. Die Zeichen sind da, daß die Welt bald ihr Ende nimmt. Es ist eine Klage in der Sprache der Zeit, und es ist zugleich eine Klage aus erlebter Not.

Dritter Teil
Bl. 40r–65v

Er bleibt bei dem, was zur Sippschaft der *unstaete* gehört, indem er die Frage stellt, wie es komme, daß
40r die Menschen so *unstaete* sind (Vers 2537–2540). Die Antwort: Gott verlieh dem ersten Menschen nicht nur die Fähigkeit zur *staete* (zur inneren Festigkeit), sondern zugleich auch *sin* (die Fähigkeit, sich mit seinem Verstande zu besinnen). Der Mensch vermag daher durch seine geistige Kraft dessen inne zu werden, was böse oder gut ist. Gott will, daß uns ein fester Sinn zum Guten hinträgt. Doch die uns gegebene Möglichkeit zu »freier Wahl« läßt auch das
40v/ Gegenteil zu (Vers 2577/78). Die Folge: Alles in der
41r Welt hält seinen »Orden« (das ihm Zugeordnete, den in ihm angelegten Zustand). Nur der Mensch ver-
41v steht nicht seinen »Orden« zu halten. (Vers 2611–

2614). Worin zeigt es sich? Keiner will in dem Zustande leben, in dem er sich vorfindet; was dem einen lieb ist, das ist dem anderen leid. Zum Erweis spielt Thomasin die Nachteile solcher Unruhe durch, um eine Lebensordnung des Gleichgewichts zu rechtfertigen, in der allein »Gottes Huld« *êwigen rîchtuom und êre* (dauerhafte Erfüllung des Wünschbaren) verspricht. Da die *girechheit* (die Habsucht) viele nie zur Ruhe kommen läßt, ist am besten daran, wer keine Macht hat. Beispiele aus Vergangenheit und Gegenwart lehren es. Aus Gut wird Ungut, aus Herrschaft wird Unehre, aus Macht wird Ohnmacht (Vers 3445–3454). In drängenden Versen *54v*
wird alle Einbildung, alles Träumen bloßgestellt. Niemand ist von Adel außer dem, der sich zu *rehter güete* hinwendet: zu einem Denken und Wollen, das auf das Gute in richtiger Weise zustrebt. (Vers 3880–3894). Man verhält sich nur dann »höfisch«, *61r*
wenn man das Rechte tut (Vers 3920). Klugheits- *61v*
regeln schließen diesen Teil ab. Wer einem Gelüste nicht folgen kann, kommt sich unglücklich vor; unglücklicher ist, wer ihm jederzeit folgt, weil immer Leid und Freude beieinander sind.

Der vierte Teil setzt mit einer Frage ein: Wie kommt es, daß wir die *unstaete* so sehr lieben, obwohl sie uns in härteste Wirrnis bringt, wenn wir Reichtum, Herrentum, Macht, Name (Ruhm), Adel, jede Art von Gelüste wollen? Antwort: Nichts tut uns so wohl wie »Untugend«; wäre »Untugend« gut und damit

Vierter Teil
Bl. 65^{v}–89^{v}

»Tugend«, wäre sie uns wohl gleichgültig (Vers
65v 4161–4174). Stände Socrates wieder auf, viele Freie
wären dann für ihn Hörige der Untugenden. Da zu
allen »Untugenden« die *unstaete* (die innere Un-
sicherheit) gehört, so ist folgerichtig die *staete* (die
innere Standfestigkeit) die Ratgeberin aller Tugen-
68rv den (Vers 4325–4339). Die *staete* ist letztlich nichts
anderes als das in stetem Willen erfüllte Gute. Denn
was auch ein guter Mensch hat oder erwirbt, stets
wendet er es ohne Hochfahrt zum Guten hin (Vers
69r 4383–4386). Nur Tugend macht glückselig. Der
Böse ist nicht glücklich, auch wenn ihm die Welt
untertan wäre; Gott hat viele Weisen des Belohnens.
Dabei beachte man: Es geht mit rechten Dingen
zu, daß wir so viel sündigen. Denn unser *muot*
(unser Wille) ist es, der darüber entscheidet, ob
75r unsere Werke böse oder gut sind (Vers 4753/54).
Nicht ist weise, wer alle Wundertaten Gottes er-
forschen will. Doch an Hiob können wir uns klar
machen, wie gut für einen guten Menschen ist,
wenn Gott dem Teufel nicht versagt, die Stetigkeit
des Menschen zu erproben. Was auch in der Welt
76r geschieht, nichts geschieht ohne Recht (Vers 4830–
4832). Der Gute aber fürchtet allein Gott: dies in
einer Furcht, die von »Minne« gesüßt ist. Immer
wieder werden in moraltheologischen Überlegun-
gen Fälle des Lebens durchgesprochen. Ergebnis:
Der Gute ist jederzeit *saelic* (vom Inneren her
84r glücklich) (Vers 5357). Und warum soll der Gute

das Sterben fürchten? Der Tod hilft ihm aus großer Not (Vers 5423/24). 85r

Fast unvermittel fragt Thomasin, wie es die Tugenden schaffen, daß man zum Himmel kommt. Er antwortet mit einer Theorie christlich-stoischen Gepräges[9]). Zwei Arten des Guten stehen zwei Arten des Bösen gegenüber. Die fünfte Stelle hält die immerwährende Bereitschaft zum Bösen. Wie sieht das im Einzelnen aus? Das oberste Gut (das »summum bonum«) ist Gott, von dem ausgeht, was gut und recht ist. An zweiter Stelle steht das »Ganz und gar Gute«: die vollkommene Einheit der in sich zusammenhängenden Tugenden, die alle auf das oberste Gut bezogen sind. Das Gegensätzliche: Das erste und zugleich »niedrigste« (tiefstehendste) Übel ist der »Teufel«, der *durch sînen grôen übermuot* (um seiner Hochfahrt willen) von Gott auf diese Stelle verwiesen ist. Das zweite Übel umgreift die Schar der Laster, die den Weg zum niedrigsten Übel ebnen. Die fünfte Stelle besetzt der uns schon bekannte Bereich *übel unde guot* (der Bereich »Bös-Gut«). In ihm finden sich die sechs Möglichkeiten zusammen, die durch böse Menschen böse, durch gute Menschen gut werden, geknüpft an die Begriffe »Adel, Macht, Gelüste jeder Art, Name (Ansehen), Reichtum, Herrentum«. Auf guten Staffeln (Stiegen) kommt man durch *staeten muot* (durch constantia, innere Stärke) zum obersten Gut; auf Staffeln (Stiegen) der »Untugend« gleitet man abwärts bis in der Hölle Grund. Im Be-

Fünfter Teil
Bl. 89^{v}–106^{r}

reich des »Bös-Guten« ziehn obendrein des »Teu-
fels Haken« den Menschen in Bosheit und Hoch-
fahrt hinunter. Die Tugend als Ganzes hat *vollec-
lîchen* (in Vollkommenheit) nur Gott allein, doch
muß sich, wer zu ihm will, um viele einzelne Tu-
94v genden mühen (Vers 6075–6095). Bei allem Tun
entscheidet allein der *muot* (der vom Verstand ge-
108v lenkte Wille) (Vers 6968). Hier wie sonst zeigen
namhafte Gestalten der Bibel, des Altertums und
der Romanwelt, wie man sein Leben zu führen hat;
Vorbilder und Gegenbilder bestimmen den Weg
des Menschen. Dadurch verbindet sich die Vorstel-
lung von Gott als »unserem gemeinsamen Herrn«
97v (Vers 6245) fest mit der Vorstellung, daß Herrentum
(Dynastentum) zur Vorbildlichkeit verpflichtet ist.
Thomasin fühlt sich denn auch gedrängt, die Schuld
der »Herren« freizulegen, obwohl oder gerade weil
98v er selbst im Herrendienst steht (Vers 6321–6324).
Gute Räte müssen sich verbergen, weil nirgends
ein »Artus« lebt. Gemeint sind damit nicht nur
weltliche Herren mit Einschluß der Ritter. Gemeint
sind vor allem auch die »Pfaffen« (die »gelehrten
Herren«). Keiner der klerikalen Herren strebt nach
kunst (nach Können, nach Wissenschaft), mithin
nach dem, was durch »Schulen« vermittelt wird.
Wo Thomasin hinsieht, ist verkehrte Welt. Der
»Unweise« spricht die Sprache des »Weisen«, der
»Weise« kommt nicht zum Wort. Aber ohne *sin*
(ohne Vernunft) kann man nicht erreichen, was

sich in *staete* (in innerer Festigkeit) bekundet (Vers 6489/90). Man sollte beachten, wie hier vor allem *101r*
auch die Bischöfe als Landesfürsten kräftig angesprochen werden! Ob damit auch der Hof von Aquileja gewarnt sein sollte, dessen geistlicher Fürst nur allzusehr von der Politik beansprucht wurde? Wie dem sei, jeder muß die *sehs dinc* (die sechs »Übel-Gut«) scheuen, wenn er dem »Teufel« entgehen will. Die Kette der »Untugend« zieht uns abwärts, »unser Herr« zieht uns zurück mit der »Tugend« (Vers 6793–6795). *105v/106r*

Sechster Teil
Bl. 106^{r}–131^{v}

Es setzt sich fort, was sich im vorausgehenden Teile angekündigt hat: Die *staete* (die innere Beharrlichkeit) beherrscht nicht mehr das ethische Feld. Die »Tugend« schlechthin (Inbegriff moralischer Tüchtigkeit) führt in lockere Betrachtungen, die im Grundsätzlichen längst festgelegt sind. Wer mit dem, was recht ist, geht, dringt zur Tür der *saelekeit* (der inneren Beseligung) vor. Denn am Ende setzen sich *wîstuom, tugende unde sin* (Erfahrung, Tugenden und Einsicht) durch (Vers 6838–6840). Nie- *106v*
mand soll nach »großer Herrschaft« streben; das Rechte tuend, soll er Gott schaffen lassen. – Vertrau dich keinem Wucherer an, der leiht und Zinsen nimmt! Lebe ohne Hochfahrt, ohne Neid! Sei ohne Zorn, lebe keusch, sei nicht *traege!* Sei freigebig, sei nicht geizig! Der gute Ritter soll mit der Fahne der Tugenden tapfer gegen die Schar der Untugenden anrennen, die von der Hochfahrt (der »superbia«)

angeführt wird; denn das ist erst »ganze Ritter-
116r schaft« (Vers 7447). Mit den Untugenden zu fechten, bringt zwar in Wirrnis; doch wir sind gewaffnet mit *sin* (Vernunft), mit *bescheidenheit* (mit der Fähigkeit, Gut und Böse zu unterscheiden). – Der erste Mensch ließ sich durch den »Feind« (den Teufel) betrügen, dessen »himmlische Natur« wegen seiner Hochfahrt durch Gottes Gericht fiel; die »irdische Natur« des Menschen wird bei Demut
118v durch Gottes Gnade aufsteigen (Vers 7605–7692). Wer den *vâlant* (den Teufel) überwinden will, soll mit allen Menschen leben, wie er soll. Denkt Ritter an euren »Orden«! Denkt daran, wozu ihr zum
121r Ritter geworden seid! (Vers 7769/70). Kein Mensch ist ganz und gar *eigen* (hörig); denn niemand hat je die Seele und die Gedankenwelt bezwungen (Vers
122v 7875–7880). – Keiner lebt ohne einen Herrn. Denn e i n e n Herrn haben wir gemeinsam, unseren *herre got*, der lediglich gebietet, daß wir das Rechte tun. So soll man auch den Reichtum gering einschätzen;
125v er ist des »Teufels Wetzestein« (Vers 8066). Wer Reichtum und Armut gleich wertet, ist innerlich reich. Denkt daran, was die »Heiligen« gelitten haben! Thomasin rät den »Herren«, uns vorauszuleuchten. Vor Gott aber soll jeder in »Furcht, Hoffnung und Minne« leben[10]).

Siebter Teil
Bl. 131v–152r

Thomasin hat bis in Bereiche des Gesellschaftlichen ausgebreitet, was er zum Thema »Tugend« für Alter und Jugend zu sagen hat. Aber sein »Buch« hat noch lange nicht den Umfang erreicht, den es haben soll. Er weiß sich zu helfen. Indem er die Welt der »Untugenden« nicht aus den Augen läßt, schleicht er sich in einer »Zwischenrede« aus seiner »Materie« heraus: Er handelt davon, wie sich *sêle* und *lîp* (Seele und leibhaftes Leben) zueinander verhalten. So mittelalterlich-elementar seine Aussagen sind, man spürt in diesen Versen, die von »Wissenschaftslehren« der Zeit zehren, den Einfluß der »Gelehrtenschulen«[11]). Wie geht er vor?

Jeder Mensch ist aus »Seele und Leib« geschaffen. Die »Tugenden« sind die Kräfte der Seele, die Kräfte des Leibes stellen sich in Stärke, Schnellkraft und Behendigkeit dar. Die Seele hat durch *sin* und *bescheidenheit* (durch Vernunft und Urteilskraft) die »Meisterschaft« über den Leib. Die *bescheidenunge* (als Einheit von *sin* und *bescheidenheit* die Fähigkeit, Entscheidungen zu treffen) ist in diesem Zusammenhang recht eigentlich die Grundkraft der menschlichen Seele; das Tier lebt ohne sie und damit ohne Vernunft (Vers 8583–8588). *133v*
Durch Gottes Willen sind außer Gott nur die Engel und der Mensch durch *sin* und *bescheidenheit* ausgezeichnet; der Mensch muß sich daher Gott zuwenden. Jeder weiß dies; aber unser Wille strebt in andere Richtung. »Pfaffen« und »Laien« leben in verkehrter Welt. – Ein neuer Ansatz: Jedermann hat in sich vier »Kräfte«, denen *aller wîstuom* und *alle tugent* (alle unsere geistigen Fähigkeiten) unter-

tan sind: *Imaginatio*, *Ratio*, *Memoria*, *Intellectus*
(Einbildungskraft, Unterscheidungskraft, Erinne-
rungskraft, auf Gott gerichtete höhere Vernunft)
136v (Vers 8789–8855). Ohne Sorgen darf sein, wer sich
mit diesen seinen geistigen Kräften den sieben
»freien Künsten« anvertraut, obwohl niemand jede
von ihnen ganz beherrschen kann. Für Thomasin
sind sie ohnedies nur *liste* (gelehrte Fertigkeiten,
Wissenslehren). Als große »Künste«, die den »sie-
ben Listen« als Königinnen überlegen sind, nennt
er allein die *Physica* und die *Divinitas*. Warum? Die
Physica lehrt den Leib gesund erhalten; sie ist die
dem Leib zugewandte Heilkunst. Die *Divinitas*
lehrt, die Seele behüten; sie ist, als der *künste*
vrouwe (als Fürstin der »Künste«) die Wissenschaft
von Gott. Diese Wissenschaft von Gott (so heißt es
übertreibend) haben wir, auf Gewinn bedacht, ver-
142r worfen (Vers 9149/50). Gleiches gelte (so hören wir)
für die von Gott gekommenen *Decrête* und die von
den Kaisern erlassenen *Lêges*. – Thomasin bricht
seine in Verse umgesetzte Wissenschaftslehre ab,
um das Ziel nicht zu überschreiten, das der Laie zu
erreichen vermag. Kritisch fügt er hinzu: In alten
Zeiten sei eine bessere Welt gewesen. In ihnen wä-
ren die jungen Edelleute »gelehrt« erzogen worden,
nun aber gäbe es wenig *herren* (so gut wie keine
Fürsten und Fürstengleiche), die »gelehrt« seien.
Gelehrsamkeit meint hier wie sonst eine anwendbare
Wissenschaft, in deren Mitte eine weitgespannte,

religiös unterbaute Ethik steht. Es fällt auf, daß Thomasin nicht hoch einschätzt, was den führenden Kreisen seiner Zeit auf gelehrtem Wege zugänglich geworden ist. Und es fällt auf, wie stark immer wieder von ihm vor jeder Art von Gewinnsucht gewarnt wird. Er faßt nunmehr zusammen. Wenn das Verhältnis von Seele und Leib in Ordnung ist, sind die fünf Sinne des Menschen die Knechte der Seelenkräfte, ist die Seele die Königin des Leibes. Wer aber Thomasins Lehre von der Gottheit und Menschheit nicht zu verstehen weiß, der soll *mit einvalt* glauben
(Vers 9713). Nochmals wird herangeholt, welche Be- *150r*
deutung die *bescheidenheit* (die ratio, die Urteilskraft) für den Ablauf des Lebens hat. Sie muß fünf »Dinge« (fünf Begriffsbereiche) innerhalb und außerhalb des Leibes in die Richte bringen: innerhalb des Leibes Stärke, Schnellkraft, Gelüste, Schöne, Behendigkeit und außerhalb des Leibes Adel, Macht, Reichtum, Name (Ansehen), Herrentum. Wer diese Bereiche nicht regeln kann, ist eher ein
Tier als ein Mensch (Vers 9788–9790). Ein elftes *151v*
»Ding« (ein elfter Bereich), der in sich ein Außen und Innen hat, kommt hinzu: die *rede* (die Welt der Sprache!). Unselig ist, wer sie nicht zu beherrschen
weiß (Vers 9835–9838). *152r*

(Der achte Teil ist durch drei Abschnitte, die sich auf Zeitgeschichtliches beziehen, der längste Teil, um mehr als 800 Verse länger vom Durchschnitt der anderen Teile entfernt!)[12]) Thomasin sucht etwas oben-

Achter Teil
Bl. 152^{v}–187^{r}

hin den Anschluß an den VI. Teil: Die Verwandtschaft der *unstaete* habe er offengelegt und auch von der *staetekeit*, sowie von den Tugenden berichtet. Das Wort »tugent« hilft ihm weiter: Die Untugenden hätten Kinder und Schwestern; eine Schwester der *unstaete* sei die *unmâze*, der die Fähigkeit fehle, *staete* zu sein. Man erkenne sie am besten an der Tugend der *mâze* (der »temperantia«). Die *mâze* sei *des sinnes wâge* (die Wage des Bewußtseins), ihr Ziel
153v liege zwischen »zu wenig und zuviel« (Vers 9935–9938). Aristotelisch klingt, wenn Thomasin einfügt, zwischen zwei Untugenden liege jederzeit eine Tugend, so etwa die Demut zwischen Hochfahrt und *bloedekeit* (Zagheit). Wie durch *unmâze* Tugend zur Untugend werde, so könne auch *mâze* eine Untugend in Tugend verwandeln. Wenn sich ein *hôher muot* (ein gesteigerter Hochsinn) unter Gottes Furcht senke, so kehre sich in ihm das Übermütige zum Guten. Thomasin spricht Einzelfälle durch, die bis in den religiösen Bereich hineinreichen. Alles was mit *unmâze* vollzogen wird, kann nie gut sein. Es gilt auch für alles Äußere, wie es sich etwa am Schilde, an den Waffen, am Gewande zeigt; denn was man außen sieht, ist *bezeichenunge* (zeichenhaftes Bild)
160v für ein Inneres (Vers 10437–10446). Mit dieser Feststellung öffnet sich Thomasin die Tür zu einer Kritik am Welfen Otto IV.; als dieser im Jahre 1209 nach Rom zog, ist er an dessen Hof gewesen. Ohne daß er gegen Otto etwas Ungebührliches sagen

wolle: dessen überladenes Wappen habe über ihn und sein Tun ausgesagt. Wer alle Chroniken besäße, werde immer feststellen, daß *der übermüete diet* (das Geschlecht der Hochfertigen) ein schlimmes Ende hat (Vers 10653–10655). 164r

Thomasin setzt neu ein. *Unmâze* räche sich in ihren Folgen nicht nur an den »Herren«, sondern auch am »Volk«. Von da her kommt Thomasin zu einem für ihn bezeichnenden Schluß: Ohne Haß solle man dem folgen, den uns Gott zum *meister* gebe. Die Welt, in der sich Thomasin vorfindet, ist voll Streit, weil keiner dem anderen folgen will und weil daher ohne *meisterschaft* (ohne oberste Leitung) gelebt wird (Vers 11087). Damit ist der Satz vorbe- 170v
reitet, auf den dieser (8.) Abschnitt zustrebt: Den Papst, auf den wir allzeit aus Haß und Neid schelten, hat uns Gott als *meister* gegeben. Wer aus *übermuot* (aus unbeherrschtem Denken) mit zu langer Zunge spricht, das Haupt der Christenheit sei nicht gut, der schändet die Christenheit. In diesem Zusammenhang wendet sich Thomasin gegen einen *guoten kneht* (gegen einen ungenannten »ritterbürtigen Mann«), der von oben ohne Grund vom Papst gesagt habe, er wolle mit »deutschem Gut« seinen »welschen Schrein« füllen. Thomasin ist es um den *lieben vriunt* wegen dessen irreführender Rede besonders wehe, weil dieser in vielen Aussagen *zuht und sin* (Beherrschung und Vernunft) gezeigt habe. Denn er denkt in seiner Weise an die Folgen schlech-

ter Belehrungen: Sie fördern die »Ketzer«. Damit wird deutlich, warum er noch im Spätjahr 1215 Worte Walthers von der Vogelweide heranholt, die zuerst im Jahre 1215 gesprochen sind. Das Laterankonzil hatte sich im November 1215 mit der Ketzerfrage und der Kreuzzugsfrage beschäftigt, und die Kreuzzugsentscheidung des Konzils hatte sich mit der vorausgegangenen Kreuzzugsentscheidung des jungen Königs Friedrich II. gepaart. Die Konzilsbeschlüsse werden für Thomasin zu einer Einheit, die er gegen jede Abwertung verteidigt. Im letzten geht es Thomasin um die Sicherung des Kreuzzugs und zwar auch in seiner Kritik an Walther von der Vogelweide, den er mit wohlwollender Nachsicht als einen anspricht, der zeitweise Ketzerisches gestützt hat.

Beweis, daß dem so ist: Thomasin ruft die *tiuschiu rîterschaft* (die »deutsche Ritterschaft«) zum Kreuzzug auf. Gott will, daß wir unser übermütiges Streiten zerbrechen und ohne leichtfertigen Übermut um seinetwillen und um der Christenheit willen kämpfen. Wenn einer das Zeichen des Kreuzes an sein Gewand geheftet hat, so meint dies, daß man das
178v äußere Zeichen innen haben soll (Vers 11645–11648). Ein gesonderter Aufruf geht an die »edlen Fürsten von deutschen Landen«, für den Kreuzzug reichlich Silber und Gold fließen zu lassen. Der *edel künic Friderîch* (der Staufer Friedrich II.) wird aufgerufen, als der dritte seines Geschlechts in der Nachfolge Barbarossas und Friedrichs von Schwaben Got-

tes Gebot in der Kreuzfahrt zu erfüllen. (Nimmt man die Waltherkritik und Ketzerkritik des Abschnitts 8 und die Kreuzzugsaufrufe der Abschnitte 9 und 10 zusammen, so bleiben für das Kernthema des VIII. Teiles nur rund 1500 Verse, was gut zu den anderen Teilen paßt. Rund 870 Verse haben die Aufgabe, Papst Innocenz III. zu entlasten und den Gedanken an einen neuen Kreuzzug zu fördern.)[13]

Neunter Teil
Bl. 187^r–208^r

Mit Aufrufen an deutsche Ritter und Fürsten, vor allem mit einem Aufruf an den Staufer Friedrich II. hätte der Lombarde Thomasin sein Verswerk wirkungsvoll schließen können. Aber er hatte sich der Zahl »zehn« (seiner Lieblingszahl) verpflichtet. Und so mußte er in Versen weiterschreiben, zumal ihm vorschwebte, im Blick auf »höfische« Bereiche eine Summa de virtutibus et vitiis vorzulegen. Immerhin hatte seine Feder nach dem VIII. Teile ruhen wollen. Doch pflichtbewußt verordnete er ihr die Niederschrift von zwei weiteren Teilen, um die Zahl von »zehn« Teilen in »zehn« Monaten zu erreichen[14]). An das frühere Gewebe seiner ethischen Betrachtungen strickt er daher einen neuen Faden an. Er hat, so sagt er seiner Feder, über *staete* und *mâze* gesprochen, die als Kinder der »Tugend« (der virtus) Schwestern sind; ihr Bruder ist das »Recht«, damit all das, in dem die »justitia«, die »Gerechtigkeit«, waltet. Wie nahe wir im Kommenden dem Früheren bleiben, zeigt der Richtung gebende Satz, das Recht sei überall, wo *mâze*, *wâge*, *zal* sei (es sei das,

was nach Maß und Zahl abgewogen werde); selbst wer unrecht getan habe, wolle auf dem Felde des
189v Unrechts sein Recht haben (Vers 12375–12384). Auch hier versucht Thomasin, seine Thesen an bildhaften Beispielen zu erläutern. Wir haben uns damit zu begnügen, an einigen Stellen Halt zu machen, die das Besondere seines Denkens erkennen lassen. Fast selbstverständlich wendet er sich vor allem an *herren* (an Dynasten jeder Stufe), die Gerichtsherren sind. Hätte er die Wahl, würde er sich einen »Herrn« wählen, der Gott fürchtet und ehrt und daher *barmunge* (Mitgefühl) gegenüber den »Armen« hat. Arme und Reiche müssen in gleicher Weise ihr ganzes Recht erhalten. In Gottes Huld handelt der Richter, wenn er *durch daz gericht* (um der Rechtsprechung willen) und aus keinem anderen
192r Grunde richtet (Vers 12550–12553).

Der Richter braucht eines Löwen Mut, um Furcht und Zagheit zu meiden. Er braucht eines Adlers Auge, um nicht durch Bestechung und *minne* (falsche Zuneigung) geblendet zu werden. Außerhalb des Grundsätzlichen will beachtet sein, daß das Recht zwei »Fittiche« hat: Es teilt sich in das »geistliche« und das »weltliche Recht«. Wenn nicht die beiden Rechte da sind, liegt das Recht unter dem Unrecht. Seit beide Rechte einander ausweichen,
193r/ wurde das Recht schwach und weich (Vers 12623–
193v 12635). Die Folge: Es gibt viele »Ketzer«, da man so gut wie nicht das »geistliche Gericht« fürchtet.

Man sollte sie geistlich zwingen, indem man sie weltlich richtet. Die Lombardei wäre ein glückseliges Land, wenn sie als Herrn den »Herrn von Oesterreich« (den Babenberger Leopold VI.) hätte, der die Ketzer zu sieden verstehe (Vers 12683–12685)[15]. 194r
Es ist ein Blick über die Grenze nach Oesterreich und Steiermark, der wohl zugleich verrät, wohin Thomasin zunächst sieht, wenn er seinen »Welschen Gast« in deutsche Lande sendet. Erfahrung wird mitsprechen, wenn Thomasin beklagt, daß dauernd zwischen *phaffen unde leien* (zwischen Klerikern und Nichtstudierten) Neid und Zorn rege sind, wobei er bei dem Worte »Laien« mit Vorzug an »Ritter« denkt. Keines »höfischen« (hofmäßig gebildeten) Mannes Denken und Wollen hat, wer so handelt, daß man seines Neides inne wird. Eigene Erfahrung mischt sich wohl auch in die These: Keiner, der »geistliches Gericht« habe, solle »weltlich« richten, das Umgekehrte dürfe ebensowenig sein; beides gelte nicht, wenn einer beide Ämter (das des »geistlichen« und »weltlichen« Richters) vereine; doch solle ein Bischof, der zugleich Herzog sei, seinen »Richter« haben, der täglich »weltlich« richte
(Vers 12849–12852). Immer aber gilt das Grund- 196v
sätzliche: Auge und Herz eines »Herrn« sollen wei-
terreichen als sein Land (Vers 12862/63)[16]. Wer als 197r
»Herr« wegen Mangel an Macht sein Gericht nicht in der Hand hat, soll sich im Gebet vor Gott demütigen. Wer Gott fürchtet, hat als Gewinn, daß er von

jedermann gefürchtet wird. Doch darf ein »Herr« im Gericht nicht jäh ohne Berater entscheiden. Dazu wird ihm empfohlen, beim Heranziehen von Beratern den »armen Mann« (den Mindermächtigen, den Abhängigen) nicht zu übersehen. Er soll auch bedenken, daß junge Männer verständiger als alte sein können. Immer wieder fällt auf, mit welchem Nachdruck der studierte junge Domherr für Machtlose, Schwachbegüterte eintritt. Im Ganzen wird den Gerichtsherren eine Gerichtslehre für die Praxis des Richtens erteilt. Das Recht verliert seinen »Namen«, wenn ihm nicht recht getan wird. Am Rande sei erwähnt, daß die Warnung, laut zu drohen, ohne zu handeln, an einem *bîspel* (an einer Fabel) erläutert wird: Der Wolf läßt sich nicht von dem schrei-
202v–205v enden Esel *Baldewîn* abschrecken (Vers 13237–13412).

Zehnter Teil Bl. 208r–225r

Was wird dieser letzte Teil bringen, nachdem sich der IX. Teil mit dem Begriff »Recht« nicht weit von den Begriffen »Stetigkeit« und »Maße« entfernt hat? Thomasin bleibt nahe beim »Recht«. Denn das »Recht« hat ihn gemahnt, von der *milte* (der »liberalitas«, der Großzügigkeit, der Freigebigkeit) zu schreiben. Sie ist der Spiegel der Tugenden, ja des »Rechtes« Kind. Wem diese Tugend von Herzen kommt, der hat sie in der Jugend und im Alter. Entgegen steht ihr die *girescheit* (die Habgier jeder Art) und damit die *erge* (die Argheit, die der Gier gleiche ethische Minderwertigkeit schlechthin). Des *mannes*

muot (des Menschen Sinn) ist so edel, daß er »Gottes Sessel« ist; aber Argheit und Gier vertreiben Gott von diesem »Sessel« (Vers 13843–13850; die Verse 13821–13895 fehlen in A.). Anders verfährt die *milte:* sie ist der Wiederschein eines reichen Gemüts. Wer als Armer den Willen zum Geben hat, ist nicht minder tugendhaft als ein Reicher, der großzügig Gaben weit ausbreitet. Doch sollte »Untugend« nicht Freigebigkeit heißen, wenn einer geraubtes Gut verschenkt. Wer dies nicht erkennt, dem hat die Habgier die *ougen der bescheidenheit* (die Augen der Vernunft, der Urteilskraft) ausgestochen. Man hat freilich darauf zu sehen, wo Gaben wirklich gut angebracht sind. Denn man muß mit Verstand geben, nicht zu wenig und nicht zuviel (so daß sich auch hier die *mâze* meldet). Ein gutes Herz macht selbst geringe Gabe gut. Ein *koufman* (!) ist, wer um des Vorteils willen gibt (Vers 14331). Die *milte* muß aus 218v
freiem Willen ohne Rücksicht auf Dank handeln; sie wäre keine Tugend, wenn sie nie betrogen werden könnte. Wer gegeben hat, soll vergessen, daß er gegeben hat; wer empfangen hat, soll ständig daran denken. Auf eine Gabe antworte man nicht zu eifrig und zu schnell mit einer Gegengabe, damit nicht der Eindruck eines kaufmännischen Geschäftes entsteht (Vers 14541–14552)! Vielleicht ist bezeichnend, daß 222r
der Patrizier Thomasin vom Felde der *milte* sorgsam fernhält, was nach Vorteil, nach Geschäft schmeckt. Gaben, die »Ehre« bringen, soll man öffentlich ge-

ben, im Geheimen soll man der Armut helfen. Es sind beschwingte Verse, in denen Thomasin durch seinen letzten Teil eilt, der der kürzeste Teil ist. Am Schluß steht die Mahnung, Gabe, die lange dauern solle, müsse man gern geben, damit sie eine lange Freundschaft sichere. Diese Mahnung leitet zum Schlußwort
223r– (zu den Versen 14626–14752) hin, in dem Thoma-
225r sin sein »Buch« als eine solche Gabe überreicht.

Indem Thomasin wünscht, daß sein »Buch« lange wirkt, will er es als Gabe der Freundschaft in der Hand dessen wissen, der mit »guter Tat« das besser erfüllt, was er gelesen hat. Darin liegt zugleich der Gegenwunsch: Wer nicht über *zuht und schoene site* (über innere Zucht und über Anstand) verfügt, der soll nicht mit seinem »Buche« umgehen. Keine »Lehre« kann den tugendhaft machen, an dem nicht Tugend haftet. Dazu gehört aber, daß ein Mensch *sin* (das für Ethisches zureichende Urteilsvermögen) in sich hat. Und aus all dem wird die Forderung abgeleitet: Niemand solle einer »Freundin« oder einem »Freunde« Thomasins »Rede« vermitteln, wenn nicht in ihnen ein »Schein« von Tugend sei. Thomasin glaubt nicht daran, daß sich der sittlich Unedle, der Minderwertige (der *boese*) vom Unnützen zum Guten hinzwingen kann. Sein »Buch« soll daher bei dem bleiben, der so mit *staete* (mit Stetigkeit) ganz durchwogt ist, daß es nicht aus ihm herausfallen kann. Noch ein letztes Mal klingt das
225r Wort *staete* auf (Vers 14743).

III

Aufbau

Nach weitem Weg stellt sich im Rückblick die Frage, wie Thomasin sein Buch in der Wahl seiner Themen gegliedert hat[17]). Im I. Teil beginnt er mit einer »Hofzucht«, die sich mit Vorzug an eine Jugend wendet, die nach damaliger Anschauung noch nicht zur vollen Reife gekommen ist. Der Schluß des Teiles lehnt sich an eine »Minnelehre« an, die er in provenzalischer Sprache abgefaßt und einer Frau von Rang zugeeignet hat: Erinnerung an eine nahe Vergangenheit, die wir nicht greifen können und die vielleicht, ja wahrscheinlich westwärts von Friaul zu suchen ist. Nachdem er sich in diesem zusammengesetzten Teile eingeübt hat, biegt er, wie wenn es sich von selbst verstehe, in eine *gemeine lêre*, in eine »Tugendlehre für alle«, ein. Zum geschichtlich Bedingten dieser »Lehre« gehört, daß er als Domherr von Aquileja aus einer Hofwelt und für eine Hofwelt spricht, in der Laien und Kleriker durch gleichen Rang verbunden sind. Doch spricht er zu seinen Lesern in einer Sprache, die über den ständischen Horizont hinaus überständische Regeln des Verhaltens in immer neuen Möglichkeiten sichtbar macht. Aus der Besonderheit seines Gesichtsfeldes dürfte sich erklären, daß eine einzige Tugend am Anfang steht und durch diese ihre Stellung nahezu zur grundlegenden Tugend wird. Als Lombarde, der sich mit der deutschsprachigen Hofwelt der

Markgrafschaft Friaul eng verbunden weiß, fühlt er sich am Anfang des 13. Jahrhunderts in einer Epoche der Unruhe, zu der gehört, daß Maßlosigkeit und Habgier an den überkommenen Ordnungen rütteln. Von diesen seinen Eindrücken bestimmt, verlangt er im Rahmen der dogmatisch anerkannten Weltordnung vor allem von den *herren* (von den weltlichen und geistlichen Dynasten) als ordnende Tugend die *staete*, die constantia, die innere Sicherheit, das »Fest-auf-dem-Sinne-Beharren«. Dabei hält er es nicht mit der Armutsbewegung, die in seinen Tagen rege ist; sie bleibt außerhalb seines Gesichtsfeldes. Aber indem er den *muot* (das Denken und Wollen) des Menschen anspricht, weckt er Mißtrauen gegen Macht und Ruhmsucht, gegen das Auswuchern von Gelüsten jeder Art. Dabei ist er überzeugt, daß es unser *muot* ist, der letztlich über die öffentlichen Zustände, insbesondere alle moralischen Zustände entscheidet. Um dies Grundlegende seinen Lesern einzuprägen, schreibt er in den Teilen II, III, IV rund 5000 Verse nieder. Nur selten gehemmt treiben ihn die Leitworte *staete* und *unstaete* zu wechselnden Aussichten vorwärts, die er hier wie sonst nach mittelalterlicher Methode durch Zitate freilegt: durch Zitate, deren Herkunft nicht angegeben wird, da er sie als Allgemeingut behandeln darf.

Nach dem IV. Teil hält Thomasin an, um sich auf Grundsätzliches zu besinnen. Das Ergebnis: Der V. Teil weist auf, wie sich die Welt der »Tugenden«

in so etwas wie eine allgemeine »Güterlehre« einordnet, wenn man sie von Gott, dem »höchsten Gut« aus betrachtet. Wir bewegen uns ungefähr in der Mitte des Buches. Dabei zeigt sich deutlich, daß Thomasins »Tugendlehre« trotz ihrer Anklänge an Stoisch-Spätantikes eine durch und durch religiös bestimmte »Tugendlehre« ist. Zu diesem Teil dürfte Thomasin durch die Schrift »De officiis ministrorum« angeregt sein, die Bischof Ambrosius von Mailand im Jahre 386 verfaßt hat (beeinflußt durch Ciceros Schrift »De officiis«, in der sich hellenistische Einflüsse mischen)[18]. Durch diesen Ausflug ins Allgemeine und Grundsätzliche macht sich Thomasin von allzu enger Bindung an die *staete* frei. Er kann daher im VI. Teil über die »Tugend schlechthin«, zugleich auch über die »Untugenden« sprechen. Als Helfer melden sich gerade hier *sin* (Vernunft) und *bescheidenheit* (»discretio«, Urteilskraft), ohne daß dabei die Kardinaltugend der »prudentia« (der *wîsheit*) ausdrücklich herausgehoben oder gar nachträglich der *staete* übergeordnet wird. Doch dann entschließt sich Thomasin zu einer »Zwischenrede«, wie wenn er beim Ausarbeiten nach neuem Stoff suche. Unter Nutzung von Schulweisheit belehrt er uns im VII. Teil über das Verhältnis von Seele und Leib, legt auch im Umriß eine kleine Wissenschaftslehre vor, beides, ohne das Ethische aus dem Gesichtsfeld zu verlieren. Daß der Domherr Thomasin zugleich ein »Studierter« ist, dies stets versteckt Erkennbare kommt durch diesen Teil in besonderer Weise zu seinem Recht. Nach diesem Rundblick macht er sich von neuem auf den Weg.

Nichts hätte wohl für einen »Studierten« näher gelegen, als nun doch noch die altüberkommene Reihung der vier Kardinaltugenden »prudentia«, »fortitudo«, »temperantia«, »iustitia« zu benutzen, nachdem mit dem Bereich der *staete* ein Bereich der »fortitudo« verschwenderisch bedacht worden war. Im gewissen Sinne tut das auch Thomasin, zumal die »prudentia« als *sin* und *bescheidenheit* (als Vernunft und Urteilskraft) stets gegenwärtig ist. Doch sollte man nicht übersehen, daß jedes Systemdenken in einem verdunkelten Hintergrund bleibt. Mit leichter Drehung wendet sich Thomasin im VIII. Teil von der Welt der *staete* her der Welt der *mâze* (der »temperantia«) zu, die nahezu aristotelisch als wägende Vernunft erfaßt wird. Es ist jener Teil, in dem er unter dem jungen Eindruck des 4. Laterankonzils vom November 1215 nach einer Verteidigung des Papstes zum Kreuzzug aufruft. Seine Leistung wird nicht dadurch geschmälert, daß er nach dem eindrucksvollen Aufruf zum Kreuzzug seiner Feder im Zuge neuen Überlegens zureden muß, im Schreiben fortzufahren. Nicht nur die erstrebte Zehnzahl der Teile, sondern wohl auch die Reihung der Kardinaltugenden wird ihm geholfen haben. Denn der IX. Teil greift nach dem »Recht« und damit zugleich nach dem an die »iustitia« gebundenen Rechtswesen, also nach einem Thema, das sich Thomasins besonnener Natur in einer Stadt geistlicher und weltlicher Herrschaft nahezu aufdrängen mußte. Der Teil über das »Recht« führt ihn sodann wie von selbst zum ergänzenden X. Teil, der jenem gemilderten Rechtsdenken gilt, wie es sich in der *milte* (der »liberalitas«, der mit Überlegung vollzogenen Freigebigkeit) darstellt. So wird fast zwanglos ein Verhalten wirkungsvoll am Schluß des Buches behandelt, ohne das in jenen Tagen menschliches Zusammenleben nicht möglich ist. Vorsichtig und zugleich eigenwillig stellt Thomasin (in Vers 13695, Bl. 210^r) die *milte* als die *vrouwe der tugent* (als die »Fürstin der Tugendwelt«) seinen Lesern vor, bei denen er aus seiner Friauler Stellung heraus mit Vorzug an »wackere Ritter«, »gute Ritterfrauen« und »gelehrte Kleriker« denkt.

Quellen

Die Frage, wo Thomasin das Stoffliche seiner spruchartigen Versgruppen eingesammelt hat, haben wir mittelbar schon beantwortet. Soweit er sich nicht auf das in der Schule Gelernte verläßt, holt er es sich aus der ihm zugänglichen Moralphilosophie der christlichen und vorchristlichen Antike. Doch muß man sich hüten, einen einzelnen Band als eine der Hauptquellen Thomasins anzusprechen, wie etwa das schmale »Moralium dogma philosophorum«, das um 1150 in Anlehnung an Cicero- und Seneca-Sätze entstanden ist. Es scheint mir sogar unsicher zu sein, ob dies Lehrbuch, das auch als »Moralis philosophia« bezeichnet wird und das man Wilhelm von Conches zugeschrieben hat, je in seiner Hand gewesen ist[19]). Auch sollte mehr als zweifelhaft sein, ob man ihn, und wäre es von weitem, mit der »Schule von Chartres« verbinden darf. Die Namen Wilhelm von Conches und Johannes von Salisbury, dessen »Policraticus« sich mit öffentlichen Fragen beschäftigt, mögen diese Auffassung begünstigt haben, obwohl Thomasin in sein moraltheologisches Denken Philosophisches nur soweit aufnimmt, wie es ihm das damalige Schulwissen anbietet. In jedem Falle vollziehen sich die platonisch-aristotelischen Gedankengänge, durch die sich die logisch geführten Erörterungen der »Schule von Chartres« auszeichnen, auf einer anderen Bahn als die aus praktischer Vernunft entwickelten »Lehren«, die Thomasin in eindeutig religiöser Grundhaltung vor seinen Lesern ausbreitet. Nur ein einziges Mal (dazu in einer nicht durchgeklärten Aussage) zitiert Thomasin einen Autor, um eine These zu belegen. In den Versen 4795–4802 (Bl. 75^{v}) des IV. Teiles teilt er uns mit, *Gregorius der heilege man*, der mit Gottes »Zunge« rede, sage, daß des Teufels Gewalt an sich nicht böse sei, böse sei nur jederzeit sein Wille. Er bezieht sich dabei auf eine Stelle in dem weit verbreiteten Hiobkommentar Gregors I., der unter dem Titel »Moralia« für die Ethik der mittelalterlichen Jahrhunderte ein grundlegendes Werk werden sollte[20]). Man darf also wohl annehmen, daß die »Moralia« Gregors, der als Papst im Jahre 604 gestorben ist, dem studierenden Thomasin zugänglich waren. Cicero, Seneca, Ambrosius, Boethius, Gregor I., Isidor von Sevilla gehören ohnedies mindestens über auswählende Handbücher oder durch kommentierende Vorlesungen in den gelehrten Unterricht jener Tage. Wer will, mag denn auch in Thomasins Versen viel von einem christlich durchlichteten Stoizismus finden, wenn er nachfühlt, wie Thomasin mit unbeirrbarem Abstand klug auf die Unruhe des beginnenden 13. Jahrhunderts sieht. Wie man auch Thomasins Werk einschätzen mag, es trägt seinen Wert in sich selbst.

Sprache

Doch wie wird uns von Thomasin übermittelt, was er im Aufbau seines Buches vor uns hinstellt? Mit dieser Frage stehen wir vor der Tatsache, daß der ›Welsche Gast‹ ein »Lehrgedicht« ist. Und zu einem Schriftwerk, das man ein »Lehrgedicht« nennen darf, gehört, daß es eine ihm zugeordnete Sprache hat, in der es sich entfaltet. Die Voraussetzung dieser Sprache kennen wir bereits. Ein Kleriker aus Friaul, der am Ausgang des 12. Jahrhunderts in städtisch-romanischer Umgangssprache der östlichen Lombardei aufgewachsen ist, schreibt am Patriarchenhofe von Aquileja für deutsche Leser und Hörer Verse in deutscher Sprache nieder. Was ist das für ein Deutsch, das er, südlich der Alpen und dem Lande Kärnten nahe, auf die Pergamente setzt? Viele prägende Kennzeichen sind von Friedrich Ranke in einer im Jahre 1908 erschienenen Jugendarbeit sorgsam gesammelt und umsichtig erläutert worden[21]). Weniges sei kurz vermerkt.

In Thomasins Schreibsprache wird eine Lautsprache vernehmbar, die man zur Not dem Südbairischen, insbesondere dem Kärntnischen zuordnen kann. Diese Sprache ist in ihren Reimen an Abwandlungen arm, und sie ist in ihrem Wortschatz beschränkt. Beides paßt zu einem Autor, dessen Deutsch sich nicht auf mundartlicher Basis entwickelt hat. Die Neigung zu abstrakten Begriffen wird zwar schon durch das Gegenständliche des Verswerkes gefördert. Sie wird es zugleich durch die lateinische Theologensprache, in der der studierte Domherr lebt. Man sollte sich daher nicht darüber wundern, daß Thomasins Sprache nicht mit der Phantasiesprache zeitgenössischer Artusepen in Wettbewerb treten kann[22]). Ranke hat versucht, Thomasins Sprache mit der lehrhaften Sprache der deutschen Predigt zu verbinden[23]). Doch sollten wir mehr als vorsichtig sein, auf eine unbekannte Predigtsprache hinzuweisen, die zu Thomasins Umwelt gehört. Vor allem scheint mir durch nichts gesichert zu sein, daß der Domherr Thomasin je als Prediger auf der Kanzel gestanden hat, ja (wie Ranke meint) vielleicht schon deutschsprachige Predigten gehalten habe, ehe er sich an den ›Welschen Gast‹ wagte[24]). Eher läßt sich hören, daß er »schon eine längere Lehrtätigkeit irgendwelcher Art hinter sich« hatte.

Denn warum sollte nicht der gewandte Hofmann Erzieher junger Adeliger gewesen sein? Wir wissen freilich über solche Tätigkeiten nichts; wir können sie höchstens ohne Gewähr aus dem I. Teil, der über »Hofzucht« handelt, herauszulesen suchen. Gewiß ist, daß sich fast zwangsläufig das Latein der Vulgata und das scholastische Latein jener Tage hinter seiner Sprache regt[25]). Daß dann so gut wie ohne Vorbild unter seinen fleißigen Händen eine lehrhafte Prosa in Versen entstehen konnte, dürfen wir seinem ungewöhnlichen Sprachtalent zuteilen. Fast selbstverständlich sollte sein, daß diese seine Sprache nicht beziehungslos in der Luft hängt. Man erfährt in ihr nebenbei etwas von einer in der östlichen Lombardei angesiedelten deutschen Gesellschaftssprache, die durch Aquileja den Rang einer »Hofsprache« hat. Als »ritterbürtiger« Kleriker am Patriarchenhof mußte der Friauler Patriziersohn im Ausüben seiner Pflichten mehrsprachig sein. Ein Nordostitalienisch war die Sprache seiner Heimat. Latein war die Sprache, die er als »homo literatus« bis in den lebendigen Gebrauch beherrschte. Provenzalisch hatte er (wohl an einem Hofe Norditaliens) gelernt, weil es damals dem Norditaliener die noch nicht entwickelte Literatursprache ersetzen mußte. Die deutsche »Hofsprache« des Patriarchats wurde das Element, dem der Sprachgewandte seine Stellung verdankt haben wird. Denn wir dürfen ohne Bedenken annehmen, daß Thomasin in Italien zu den ständigen Begleitern des politisch tätigen Patriarchen gehört hat. Durch ihn selbst wissen wir, daß er im Spätjahr 1209 mit dem Reichslegaten Wolfger zur Kaiserkrönung Ottos IV. nach Rom zog. Und durch ihn selbst wissen wir, daß er Ostern 1213 dabei war, als der Papst Innocenz III. in Rom die Bulle »Quia major« verlas, in der er für einen Kreuzzug Geldsammlungen (durch Aufstellen von Opferstöcken) forderte. Thomasin wird nicht nur in der Kanzlei tätig gewesen sein. Er wird auch als gewandter Dolmetscher dem Legaten und Diplomaten Wolfger immer wieder geholfen haben. Man hört denn auch aus seiner deutschen Literatursprache heraus, daß sie (wie auch Ranke gefühlt hat) aus einer Sprechsprache herausgewachsen ist[26]).

Daß dem Friauler sein Deutsch bis in seine klanglichen Möglichkeiten nicht ganz zu eigen wurde, dafür gibt es ein untrügliches Merkmal. Wie alle deutschen Reimsprecher jener Tage baut er in der Regel Verse von vier Hebungen (von vier Schlageinheiten). Aber all denen, die »von Haus aus« deutsch sprechen, genügten damals drei Hebungen, wenn ein Vers zweisilbig mit langer Stammsilbe schloß: *Wir súln mit állen sínnen / got fúrhten únde mínnen* sagt der Schwabe Freidank in seinem Spruchwerk ›Bescheidenheit‹ (Vers 2, 16. 17). Diese Feinheit des Hörens hat sich Thomasin nicht erworben. Wenn ein Vers zweisilbig schließt, baut er als Romane immer (auch bei langer vorletzter Silbe) volle

Vierheber mit »weiblichem« Schluß, die für das damalige deutsche Sprachempfinden im Sprachvers eine Schlageinheit zu viel haben: *vrúme rîter und gúote vroúwen / und wîse pfáffen súln dich* (mein Buch) *schoúwen* (Vers 14695/96, Bl. 224ᵛ). In dieser Kleinigkeit verrät sich wohl am sinnfälligsten der Ausländer in Thomasins Sprache. Doch sollte man hoch bewerten, wie er seine nicht immer einfachen Gedanken zumeist recht gewandt durch seine Sätze führt, so daß sich der Eindruck einstellt, er habe beim Schreiben von vornherein in deutscher Sprache gedacht. Diesen Eindruck festigt nicht zum wenigsten seine Kunst, Ergebnisse seiner Belehrungen in Sentenzen (in sprichwortartigen Sätzen) auszudrücken. Diese seine Fähigkeit, in Merksprüchen zu denken, wird nicht dadurch abgewertet, daß ihn dabei die Knappheit und Bündigkeit der lateinischen Sprache unterstützt hat. Wer seiner Sprache jene Sinnlichkeit und Bildkraft abverlangt, in der sich dichterisches Sehen und Denken befreit, hat es leicht, die Mängel seines handwerklichen Sprechens herauszuheben. Doch sollte man keinen Augenblick vergessen, daß er in Versen widergeben mußte, was andere Jahrhunderte faßlicher und sachgerechter in Prosa-Abhandlungen ausgesagt hätten. Mit seinen Mitteln hat er in seiner Zeit Außerordentliches geleistet: ein Außenseiter am zerfaserten Rande des deutschen Sprachgebietes. Nicht überhören sollte man, daß er an seiner Aufgabe wächst. Der letzte

(X.) Teil, den er seiner Feder abgerungen hat, ist im Bewältigen der Sprache nicht der schlechteste Teil geworden. Die kleine Beispielerzählung vom langohrigen Esel *Baldewîn* (Teil IX, Vers 13261–13412, Bl. 203^r–205^v) nennt Ranke (S. 162) nicht ohne Grund ein »Muster der kürzeren Reimpaarerzählungen des deutschen Mittelalters«, und nicht mit Unrecht spürt er in ihr so etwas wie die »reine Darstellungsfreude des Künstlers«. Ranke hat trotzdem der Sprache Thomasins »Gefühlskälte« zugesprochen (S. 169). Ich finde nichts, was diesen Ausdruck rechtfertigt. Thomasins Sprache ist bei aller Nüchternheit eine lebendige Gelehrtensprache, die aus bewußt gewähltem Abstand auf die ihm zugängliche menschliche Umwelt sieht. Er weiß seine lehrhaften Aussagen mit unbestechbarer Sachlichkeit vorzutragen, und bleibt doch persönlich gegenwärtig. In der Art, wie er beteiligt und zugleich unbeteiligt seine Forderungen stellt und dadurch immer wieder dem Sprichwortdenken nahekommt, hat er trotz oder gerade wegen der Umständlichkeit seines Sprechens mittelalterliche Leser und Hörer angezogen. Nicht zufällig hat denn auch dies in gleicher Weise persönliche und unpersönliche Werk, das eine Standeswelt vor sich hat und doch vom Grundsätzlichen her ins Überständische hinausgreift, eine lange Wirkung gehabt: eine Wirkung, von der sein Verfasser nichts ahnen konnte[27]).

IV

Überlieferung

Ob, wie lange und wie weit ein mittelalterliches Werk gewirkt hat, auf diese Frage antwortet uns seine handschriftliche Überlieferung. So stehen wir nunmehr vor der nüchternen Aufgabe, in einer zureichenden Überschau festzulegen, was der überlieferte Bestand des Handschriftlichen über die Wirkung von Thomasins ›Welschem Gast‹ auszusagen vermag. Über Heinrich Rückerts Ausgabe hinaus helfen uns, wenn auch bedingt, die ›Textkritischen Studien‹, die Friedrich Wilhelm von Kries im Jahre 1967 zum ›Welschen Gast‹ vorgelegt hat[28]). Zugleich hoffe ich, im Ungefähren deutlich machen zu können, wie sich Thomasins Verswerk darstellt, wenn man es von seiner Überlieferung aus betrachtet.

Am Anfang der Überlieferung steht (als Handschrift A) die Heidelberger Pergamenthandschrift Cod. Pal. Germ. 389, die hier als Faksimile vorgelegt wird. Sie stammt noch aus dem 13. Jahrhundert, hat 106 Bilder und ist in einer bairischen (mittelbairischen?) Schreibsprache aufs Pergament gekommen. Trotz Mängel ist sie als Ganzes die dem Original nächste Handschrift unserer Überlieferung. Zu den Versen 2124/25 (Bl. 33^v) des II. Teiles bringen 8 der erhaltenen Bilderhandschriften eine Zeichnung, auf der ein *herre* (ein Dynast) einem Schreiber diktiert *Schreib min ia und min niht;* das

Blatt des Schreibers kann eine Jahreszahl aufnehmen, die aus einer Vorlage übernommen sein kann. In unserer ältesten Handschrift A ist leider die Jahreszahl nicht genau zu lesen; man schwankt bislang ohne Gewähr zwischen den Jahren 1216 und 1256. In jedem Falle legt sie fest, daß die Vorlage von A spätestens um die Mitte des 13. Jahrhunderts oder nur kurz danach geschrieben ist[29]). Noch besser wären wir wohl daran, wenn sich die für das Jahr 1250 bezeugte Handschrift des damals in Friaul bestehenden Benediktinerklosters Mosach erhalten hätte; sie würde uns wahrscheinlich in ihrer Sprache recht nahe an Thomasins Sprache heranführen[30]). Doch wie so oft müssen wir uns damit abfinden, daß die Handschriften des 13. Jahrhunderts für uns weitgehend verloren sind, weil ihre Sprache veraltete und sprachliche Neufassungen an ihre Stelle traten. Vom 14. Jahrhundert an beginnen die Schreiber des ›Welschen Gastes‹ für eine breiter werdende Leserschaft harte Versgänge und fremd klingende Reime umzubauen. Sie hätten darin Thomasins Beifall gehabt, der ausdrücklich dazu auffordert, sein Deutsch zu bessern (Vorrede, Vers 71–74, Bl. 2^r). Doch bleibt noch eine in Gotha liegende Pergamenthandschrift (G) aus der ersten Hälfte des 14. Jahrhunderts dem Original nahe, ohne daß sie aus der Handschrift A abgeleitet werden kann. Sie zeichnet sich durch die größte Zahl von Federzeichnungen (durch 120 Bilder) aus und enthält für uns zuerst im Eingang ein »Inhaltsverzeichnis« in Prosa (!), das vielleicht auf eine zweite Ausgabe zurückgeht, die Thomasin selbst der ersten Niederschrift folgen ließ. Auch sie kommt, wenn auch bedingt, aus bayrischem (etwa herzoglich-bayrischem) Sprachgebiet. Das Schreiberbild mit der Jahreszahl 1240 läßt vermuten, daß eine ihr zugrundeliegende Vorlage schon vor der Mitte des 13. Jahrhunderts geschrieben ist[31]). Zu den Handschriften A und G, insbesondere zur Handschrift G muß man auch die Papierhandschrift C des 14. Jahrhunderts stellen, die (bis vor kurzem fast unbekannt) mit mittelbairischer Schreibsprache im Zisterzienserstift Schlierbach (Oberösterreich) liegt; sie steht wohl einer Vorstufe von G nahe[32]). Und endlich: Zur Gruppe A (C) G sei sofort noch eine Fassung aus dem mittleren 15. Jahrhundert herangezogen, die in eine Dresdener Sammelhandschrift aufgenommen ist. Diese Handschrift bairischer (etwa nordbairischer?) Schreibsprache (mit der Sigle D bezeichnet) hat einmal Christian Thomasius († 1728) und dann Johann Christoph Gottsched († 1766) gehört. Sie ist zwar jung und steht als Mischhandschrift unter dem Einfluß glättender Thomasin-Überlieferungen. Aber auch sie hat noch Beziehung zur Gruppe A (C) G und steht in Einzelheiten wohl einer Vorstufe von A nahe. Damit sind, wenn ich richtig urteile, diejenigen mehr oder minder vollständigen Handschriften genannt, aus denen sich im ganzen ein Text aufbauen läßt, der versucht, an Thomasins Niederschrift vom Jahre 1216 im Zuge des Möglichen heranzukommen. Aber wir haben hier nicht eine kritische Ausgabe des ›Welschen Gastes‹ vorzubereiten. Wir haben vielmehr nur einen Eindruck zu vermitteln, wie stark und wie lange Thomasins »Buch« trotz aller Veränderungen mehr oder minder unverändert auf mittelalterliche Leser und Hörer gewirkt hat. Wir dürfen uns daher im folgenden darauf beschränken, die uns noch zugängliche Anzahl der Handschriften (der mehr oder minder vollständigen oder der Bruchstücke) anzugeben. In diese Zahl werden selbstverständlich die bisher erwähnten Handschriften A (C) G D aufgenommen[33]).

Aus dem 13. Jahrhundert haben wir außer der Heidelberger Handschrift A (Cod. Pal. Germ. 389) das verschollene Fragment Gr, das Wilhelm Grimm besaß. Das 14. Jahrhundert ist durch 4 Pergamenthandschriften und durch die Papierhandschrift C vertreten. Zu diesen mehr oder weniger vollständigen Handschriften kommen 8 Handschriftenfragmente, so daß aus dem 14. Jahrhundert 13 Zeugen für Thomasins Wirkung eintreten. Aus dem 15. Jahrhundert sind 9 mehr oder weniger vollständige Papierhandschriften erhalten. Rechnet man das Grimm-Fragment mit, so sind für uns vom 13. Jahrhundert bis ins spätere 15. Jahrhundert noch 24 Überlieferungsstellen zugänglich[34]). Am Rande sei vermerkt, daß wir über die schon genannte ehemals Mosacher Handschrift hinaus von drei weiteren spätmittelalterlichen Handschriften wissen, ohne sagen zu können, ob sich nicht wenigstens eine von ihnen unter dem Erhaltenen befindet. Nimmt man all dies zusammen, so stehen wir vor einer auffallend reichen Überlieferung für ein großes und umständliches, zudem nicht immer leicht lesbares Verswerk: Anzeichen, wie sehr man seine Aussagen vom Überständischen her verstand. Nicht aber übersehen dürfen wir, daß von den 24 Überlieferungsstellen (wenn ich nicht irre) die Hälfte in einer bairischen Schreibsprache niedergeschrieben ist, wobei nur eine von ihnen, die Papierhandschrift K, die heute in Karlsruhe liegt, durch ihre Sprache ins Südbairische weist[35]). Die anderen Überlieferungsstellen führen ins Ostfränkische, ins Westmitteldeutsche, ins Schwäbische, ins Niederalemannische und Elsässische. Doch so ungesichert auch noch vieles ist, was wir über die Sprachfelder der Handschriften sagen können, sicher dürfte sein, daß Thomasin mit seinem »Buch« weder das ostmitteldeutsche noch das norddeutsche Sprachgebiet erreicht hat. Es mag auffallen, daß das dem Friauler nahe Südbairische in der Überlieferung nicht recht greifbar wird. Dazu wollen wir nicht vergessen, daß Patriarch Wolfger von Aquileja, der Dienstherr Thomasins, als ein Freiherr von Erla nach einem Orte an der unteren Enns hieß, also aus Niederösterreich stammte. Ehe er den Patriarchenstuhl bestieg, war er von 1191 bis 1204 Bischof von Passau[36]). Wer will, mag annehmen, daß Thomasins Verswerk zuerst den Weg nach Passau und von dort in einen näheren oder weiteren Umkreis, damit mit Vorzug in mittelbairische Sprachfelder gefunden hat. Wie wenig wissen wir zudem von der Gesellschaftssprache mittelalterlicher Höfe, wie wenig auch von den an diese Gesellschaftssprache gebundenen, mehr oder minder gelehrten Schreibersprachen! Darüber hinaus haben wir uns damit abzufinden, daß uns die Vergangenheit vieles für immer verbirgt oder verschleiert. Unabhängig von diesem Tatsächlichen können wir feststellen, daß für Thomasins einer hochmittelalterlichen Gesellschaft zugedachte »Tugendlehre« die Zeit vorbei ist, als sich im späteren 15. Jahrhundert neue Kräfte in anderen Umwelten regen.

[1]) Bisher einzige Ausgabe des »Welschen Gastes« und daher Grundlage für die Thomasin-Philologie: Der Wälsche Gast des Thomasin von Zirclaria, hsg. von Heinrich Rückert (Quedlinburg u. Leipzig 1852) = Deutsche Neudrucke (Reihe Texte des Mittelalters, hsg. von Karl Stackmann) Berlin 1965, mit einer Einleitung (S. V–LI) von Friedrich Neumann. (Nach dieser Ausgabe werden die Verse zitiert, obwohl sich Rückert verzählte und dadurch 14752 statt 14742 Verse erhielt. – Anm. d. Hersgg.: Auch für die Wiedergabe der Textstellen wurde in diesem Beitrag die Ausgabe Rückerts herangezogen. Dies erschien im Rahmen einer »Einführung in Thomasins Verswerk« gerechtfertigt. Allerdings wurde Rükkerts Verszählung durch die Blattzählung der Handschrift ergänzt, um die Benutzung des Faksimiles zu erleichtern. Dagegen ist im Zusammenhang der Behandlung von »Handschrift und Bildern« stets die Orthographie der Handschrift beachtet.)

[2]) Der Didaktiker Reinmar von Zweter (geb. wohl vor 1195, gest. um 1260) legt vor 1240 im Spruch 200 eine Wertung der Lebensalter vor, wobei er das 12., das 20., das 24., das 30. und das 50. Jahr heraushebt. Vgl. Die Gedichte Reinmars von Zweter, hsg. von Gustav Roethe, Leipzig 1887, S. 510/511, 619/620.

[3]) Zum Urkundlichen und Biographischen vgl. Kries, S. 3–8. Zum Geschichtlichen im allgemeinen vgl. Teske, S. 1–118. – Offen muß vorerst bleiben, ob spätere Urkunden, die für Aquileja einen *Thomasinus* bezeugen, auf unseren Thomasin beziehbar sind.

[4]) Zum Leben Wolfgers von Erla vgl. Teske, S. 13–41, vor allem aber Hedwig Heger, Das Lebenszeugnis Walthers von der Vogelweide (Die Reiserechnungen des Passauer Bischofs Wolfger von Erla), Wien (1970), S. 19–57. Wolfger wurde im J. 1458 durch falsche Lesung einer Urkunde zu einem »Wolfger von Ellenbrechtskirchen« (damit zu einem Angehörigen niederbayrischen Adels). Endgültige Klarstellung durch Hedwig Heger S. 19–27.

[5]) Ich erinnere daran: Der hochbegabte Friedrich II. wurde im Dezember 1194 auf Sizilien geboren, als Sohn des im Spätjahr 1165 geborenen Kaiser Heinrichs VI. und der romanisierten Normannin Konstanze, die etwa im Frühjahr 1154 nach dem Tode ihres Vaters Roger II. geboren war. Er war

also der Sohn eines noch verhältnismäßig jungen Vaters und einer verhältnismäßig alten Mutter.

[6]) Die Thomasin-Verse 11191–11200 (Bl. 172v) spielen vor allem auf die beiden Walthersprüche 34,4–34,13 und 34,14–34,23 der Lachmannschen Ausgabe an. Da der Opferstock-Erlaß Innocenzens zum Osterfest 1213 gehört, setzt man diese angreifenden Sprüche Walthers in das gleiche Jahr. Thomasins Gegenrede mag deshalb im Entwurf schon vor der Wende 1215/16 festgelegt sein. Vielleicht sind auch die Walthersprüche erst 1214 verfaßt und bekannter geworden. – Keinen Grund haben wir, den »Zehn-Jahre«-Satz (Vers 11111–11116, Bl. 171r) auf den wenig später ohne Namen getadelten Walther von der Vogelweide zu beziehen. Zum Sinn des Satzes vgl. Max Rieger, Zeitschr. für deutsches Altertum 47, 1904, S. 233, Anm. 1; ausführlicher: Wilhelm Wilmanns u. Victor Michels, Leben u. Dichten Walthers von der Vogelweide (Germanistische Handbibliothek I, 1; 2. Aufl.), Halle/Saale 1916, S. 437, Anm. 333.

[7]) Karl Kurt Klein hat versucht, in Sprüchen und Liedern des älteren Walther Stellen nachzuweisen, die erst ganz verständlich würden, wenn man sie als »Walthers Gegenschlag« gegen Thomasins vornehm verschlüsselte Walther-Verse (11111–11250, Bl. 171r) auffasse: ›Zum dichterischen Spätwerk Walthers von der Vogelweide (Der Streit mit Thomasin von Zerclaere)‹ = Innsbrucker Beiträge zur Kulturwissenschaft, Bd. 6 (Germanistische Abhandlungen, hsg. von K. K. Klein u. E. Thurnher), Innsbruck 1959, S. 59–109. Ich kann auf diese Abhandlung, die einzelnes übersteigert, hier nicht eingehen. Sie dürfte Unbeweisbares aus Walthers Versen heraushören. Aufgeschlossener gegenüber Kleins Annahmen: Kurt Herbert Halbach, Walther von der Vogelweide, Sammlung Metzler (M 40), Stuttgart 1965, S. 22/23 (2. Aufl. 1969, S. 23/24).

[8]) Es ist zuviel gesagt, wenn K. K. Klein (a.a.O., S. 98/99) meint, es sei eine »Kühnheit« gewesen, daß Wolfger für eine Leitung des Kreuzzugs durch den »Kaiser« eingetreten sei, weil sich der Papst die Leitung des Kreuzzugs vorbehalten habe. Man sollte auch nicht Thomasin hier nur als Sprecher Wolfgers nehmen.

[9]) Das Theoretische erinnert an die Schrift »De officiis ministrorum« (»Von den Pflichten derer, die im Dienste

stehen«), die der Bischof Ambrosius von Mailand im späteren 4. Jh. unter stoischem Einfluß geschrieben hat.

[10]) Gerade an diesem Teil wird deutlich, mit wie viel Zweifeln Thomasin nicht nur allem »Herrentum« seiner Tage, sondern auch allem auf Reichtum gerichteten Treiben gegenüberstand. Gleich seinem Zeitgenossen Freidank hat er für den »Stand« des Kaufmanns noch keinen Namen, wenngleich ihm das Wort *koufman* (wie Vers 14331, Bl. 218v, zeigt) nicht fremd ist. Er spricht das »Handwerk« an (Vers 8167, 8182, Bl. 127r). Als »Stände« (»Ordnungen«) kennt er nur »Pfaffen, Ritter, Bauern«. Wer ungerechte Zinsen nimmt, den zählt er zu den »Wucherern«. – Franziskanisches lag damals in der Luft. Ich erinnere daran, daß Franz von Assisi (geb. 1182) nur wenige Jahre älter als Thomasin war.

[11]) Dieser Teil fordert dazu auf, in moraltheologischen Lehrbüchern und Wissenschaftslehren des 12. Jahrhunderts nach möglichen Vorlagen zu suchen. Doch dürfte man schwerlich auf unmittelbare Quellenschriften stoßen. Wir haben damit zu rechnen, daß uns Thomasin anbietet, was für einen Studierten um 1210 in der Lombardei zum Allgemeinwissen gehört. Zudem fällt auf, daß die gliedernden (systematischen) Angaben gegenüber den ethischen Anweisungen recht aufgesetzt wirken. Noch eins sei bemerkt! Im allgemeinen gilt die »Prosa« der Gothaer Handschrift für eine von Thomasin angelegte »Inhaltsangabe«, zumal sie im Ich-Ton abgefaßt ist. Gerade deshalb sei herausgehoben, daß in der »Prosa« nicht von den zwei Künsten *Divinitas* und *Physica*, sondern von *Theologia* und *Phisica* gesprochen wird. Das Verhältnis von »Prosa« zu Verswerk muß neu vom Einzelnen aus bis in die Sprache hinein untersucht werden.

[12]) Der einzige Teil, der in Rückerts Ausgabe zehn (!) Abschnitte hat.

[13]) Oben haben wir aus Teil VIII angeführt: Thomasin wüßte sich vorzusehen, wenn einer hochfertig meine, der Papst (Innocenz III.) sei ein böser Mann; er sähe sich auch dann vor, wenn es einer sage, der 10 Jahre bei ihm sei (Vers 11111, Bl. 171r). Diese Stelle darf schon deshalb nicht auf Walther von der Vogelweide bezogen werden, weil die Zahl 10 von Thomasin für eine beliebig hohe Zahl verwandt wird. Nicht lange vorher heißt es: Was einer an Schaden anderen in 10 Jahren auferlege, könne mit Gottes Willen ein einziger

Tag wenden (Vers 10765–10767, Bl. 165v). Die 10 ist eine Lieblingszahl des Lombarden Thomasin (vgl. auch Vers 12632, Bl. 193v; 12735, Bl. 195r).

[14]) Grade weil für Thomasin die Zahl 10 eine Richtzahl ist, darf man die Angabe, er habe 10 Teile in 10 Monaten geschrieben, nicht zu wörtlich nehmen.

[15]) Leopold VI. war Herzog von Oesterreich seit 1198 und Herzog von Steiermark seit 1194; er starb 1230.

[16]) Es sei daran erinnert, daß der Patriarch von Aquileja (Wolfger von Erla) nach der Ermordung Philipps von Schwaben die Markgrafschaft Krain-Istrien erhält, die Heinrich von Andechs-Meran verliert, weil er unter dem Verdacht steht, am Morde mitschuldig zu sein.

[17]) Zur äußeren Gliederung erinnere ich daran, daß die Zahl »10« die Lieblingszahl Thomasins ist (vgl. Anm. 13; Vers 10766, 12632, 12735). Wenn die sog. »Prosavorrede« als Inhaltsangabe von ihm selbst entworfen wurde, hat ihm sogar vorgeschwebt, jeden Teil in zehn Abschnitten ablaufen zu lassen. Aber er ist noch nicht (wie Boccaccio) ein Mann des 14. Jahrhunderts. Nur für das Ganze seines Buches zwang er sich eine Gliederung in »10« Teile ab.

[18]) Zu Ambrosius vgl. man Friedrich Überwegs Grundriß der Geschichte der Philosophie, 2. Teil: Die patristische und scholastische Philosophie, hrsg. von Bernh. Geyer. 11. Aufl. 1928 (Nachdr. 1961), besonders S. 97f, S. 662f.

[19]) Über den Einfluß, den diese kleine Moraltheorie auf die deutsche Literatur gehabt hat oder gehabt haben soll, ist viel diskutiert worden. Vgl. zu dieser Frage: Ritterliches Tugendsystem, hsg. von Günter Eifler, Wege der Forschung Bd. LVI, Darmstadt 1970, 8°, XX+477 S. Dazu zwei Ergänzungen. Gustav Ehrismann zieht den »Wälschen Gast« in einem einst vielbeachteten Aufsatz heran: Die Grundlagen des ritterlichen Tugendsystems, Zeitschr. für deutsches Altert. Bd. 56, 1919, S. 146–152 (jetzt auch in »Wege der Forschung Bd. LVI, S. 10–16). Dort vermeidet er zwar, Thomasin an eine einzelne Quelle fest anzuschließen. Doch kann er Thomasins Eigenes nicht sichtbar machen, weil er ihn an einem Systemdenken mißt. Im ganzen spricht Hans Teske zutreffender über »Thomasins Weltanschauung« (S. 158–189). Doch wird er dem ständischen Blickfeld Thomasins nicht gerecht. – Fragen des Gehaltes behandeln: Jürgen Müller, Studien zur

Ethik und Metaphysik des Thomasin von Circlaire, Königsberger Deutsche Forschungen Heft 12, 1935; Ernst Peter Siegert, Der Wälsche Gast des Thomasin von Zerclaere (Didaktischer Gehalt u. künstlerischer Aufbau), Frankfurter Diss. 1953; vgl. zu diesen beiden Arbeiten meine Bemerkungen in der »Einleitung« zum Neudruck der Ausgabe Heinrich Rückerts, Berlin 1965, S. XXXVIII–XXXIX.

[20]) Nachweis bei Heinr. Rückert, Neudruck, Anmerkungen S. 564.

[21]) Friedrich Ranke, Sprache und Stil im Wälschen Gast des Thomasin von Circlaria, Palaestra LXVIII, Berlin 1908. Zwei Teile: Thomasins Sprache, Thomasins Stil. Nicht überholt. Seitenzahlen im Text beziehen sich auf diese Arbeit. Ranke gibt (S. 162–167) eine knappe Darstellung der »Komposition« des ›Wälschen Gastes‹, die nichts weiter als eine knappe Inhaltsangabe sein will.

[22]) Thomasins Sprache hat (fast selbstverständlich) auch nichts mit der epischen Sprache des Nibelungenliedes zu tun, das in der Bayernsprache Passaus literarisch geworden ist, mithin in einer Sprache, die für den Patriarchen Wolfger so gut wie Heimatsprache war. Wir sollten uns übrigens Wolfgers Beziehungen zum Nibelungenlied nicht zu eng vorstellen.

[23]) Über den Einfluß des Predigtstils auf Thomasins Gelehrtensprache spricht Ranke mehrfach, so S. 57, 105/106, 108. Er schränkt diesen Einfluß auf S. 116 ein.

[24]) Daß deutsche Bauernsprache als Mundart damals bis nach Friaul reichen mochte, darf unerwogen bleiben. Für Thomasin hätte es nichts bedeutet.

[25]) Wenn ich sage, daß ihm die »scholastische Sprache« vertraut ist, denke ich an die philosophierende Theologie jener Tage. Doch greift man wohl zu hoch, wenn man den ›Anticlaudian‹ des 1203 gestorbenen Alanus ab Insulis heranholt (vgl. Ranke S. 158).

[26]) Vgl. Ranke S. 89. Mit Einschränkung stimme ich Julius Schwietering zu: »Das Deutsche, das er in mündlicher Rede erlernte, ist schlichte Sprache des Alltags, die, ganz im Dienste der Lehre, auf Klarheit und Verstehen bedacht, auf unnötigen rhetorischen Schmuck verzichtet« (Die dt. Dichtung des Mittelalters, Potsdam 1932, S. 277).

[27]) Ich brauche hier nicht darauf einzugehen, wo ich Thomasins Buch anders beurteile als Helmut de Boor in der

knappen, aber umfassenden Darstellung seiner mittelalterlichen Literaturgeschichte (Die höfische Literatur, 1170–1250, München [4]1960, S. 403–408).

[28]) Kries, vor allem Kap. II (Die Überlieferung), S. 36–71. Zu diesen ›Textkritischen Studien‹ vgl. man die klärende Besprechung durch Heinz Schanze (Marburg/Lahn), Beiträge zur Geschichte der dt. Sprache u. Lit. 90, Tübingen 1968, S. 164–172, an deren Ergebnisse ich mich im ganzen anschließe. Die gleichen Ergebnisse erzielt Werner Schröder in einer knappen, scharfsichtigen Besprechung: Zeitschrift für dt. Philologie 90, 1971, S. 119–123.

[29]) Im ganzen wird in der Heidelberger Handschrift A (= Cod. Pal. Germ. 389) mittelhochdeutsches *î (mîn, schrîben)* bereits durch den Diphthong (den Zwielaut) *ei* wiedergegeben. Doch finden sich gelegentlich, vor allem im Anfang, noch die alten *î* (vgl. auch Kries, S. 25). Vielleicht sind diese *î* aus der ursprünglichen Überlieferung stehen geblieben. Zwar können schon in Kärntner Urkunden des 12. Jhs. die neuen *ei*-Laute auftreten: Anzeichen, daß mindestens im Südbairischen der Monophthong (der einfache Laut) *î* längst in Bewegung ist. Trotzdem wird Thomasin im J. 1215/1216 nach altem Brauche *î* geschrieben haben.

[30]) Zur verlorenen Mosacher Hs. vgl. Kries, S. 65/66. Das mit St. Gallen verbundene Kloster hat nur bis in den Anfang des 15. Jhs. bestanden. Der Ort heißt heute Moggio di Sopra.

[31]) Für all die Fassungen, die vom 14. Jahrhundert an ihrer Zeit gedient haben, mag stellvertretend eine in Stuttgart liegende bayrische Hs. des früheren 14. Jhs. stehen, die die Sigle S erhalten hat.

[32]) Vgl. Grubmüller, S. 206–215. Er ordnet die Hs. C ein. Seine Mitteilungen sind auch für die Benützung der durch Kries vorgelegten ›Textkritischen Studien‹ wichtig.

[33]) Von den Fragmenten seien aus besonderem Grunde zwei herausgehoben: 1) Wilhelm Grimm besaß ein bayrisches Fragment (Gr.), das noch dem späten 13. Jh. angehörte, aber schon einen bearbeiteten Text zeigte. Seit dem 2. Weltkrieg ist es verschollen. Lesarten von ihm in W. Grimms Abschrift der Heidelberger Hs. A, die jetzt wieder in Berlin liegt (vgl. Kries, S. 36/37, 112/113). 2) Ein bayrisches Fragment aus dem früheren 14. Jh. liegt in Büdingen (Bü). Kries stellt es überzeugend an die Hs. G. heran (S. 139/140). – Die Gruppe, auf

die sich vor allem eine neue Ausgabe stützen muß, kann man behelfsmäßig so ordnen: A(D)–CG(Bü)–(D).

[34]) Eine Übersicht über die durch Siglen festgelegte Überlieferung gibt Kries, S. 71. Seitdem hat sich die Überlieferung vergrößert. Im germanischen Nationalmuseum liegt seit 1894 (!) eine Papierhandschrift des späteren 15. Jhs. in schwäbischer Schreibsprache, die die Sigle N erhalten hat: Dieter Richter, Zur Überlieferung von Thomasins ›Welschem Gast‹, Zeitschr. für dt. Altert. 96, 1967, S. 149–153. Zur Hs. C. des niederösterreichischen Zisterzienserstifts Schlierbach, die dem späten 14. Jh. entstammt, vgl. Grubmüller.

[35]) Kries vermutet, daß die Hs. K aus der Gegend von Bruneck in Südtirol kommt (a.a.O., S. 57/58). Man vgl. überhaupt die Angaben, die Kries, Richter und Grubmüller zu der handschriftlichen Überlieferung machen.

[36]) Über Patriarch Wolfgers Lebensgang: Hedwig Heger (s. Anm. 4), S. 19–57.

36 BILDER AUS DER HANDSCHRIFT

Ausgewählt und erläutert

von Ewald Vetter

Anmerkung: Wiedergaben unmittelbar aus der Handschrift sind im Textzusammenhang durch Kursivdruck hervorgehoben, Auflösungen von Kürzeln und Ergänzungen sind durch Normaldruck kenntlich gemacht. Umgekehrt wurden zusammenhängende, aus dem Text herausgerückte Verse gerade gesetzt; hier sind Ergänzungen und die aufgelösten Abkürzungen durch Schrägdruck bezeichnet. In dem Abschnitt „Bildinhalte" sind kursiv nur die Bildbeischriften gesetzt, um sie von den übrigen Zitaten abzuheben. Zur Vereinheitlichung wurde in allen Fällen die Kleinschreibung gewählt; an graphischen Besonderheiten blieben der Unterschied zwischen s und ſ und der Wechsel von u und v zur Bezeichnung des Vokals unberücksichtigt. Die Interpunktion in den zitierten Versen schließt sich der Ausgabe von Rückert an. — Einen Hinweis verdient die Sprachform der Bildbeischriften, die — in sich nicht ganz einheitlich — von der des Textes recht erheblich abweicht: z.B. ei gegen ai, i gegen ei, uo gegen u.

Das Verständnis der Miniaturen ergibt sich aus den Textstellen, die sie illustrieren. Durch Spruchbänder wird der Sinnzusammenhang verdeutlicht. Bildinhalte

Bild 2r

2r 16f. (Vers 79f.) swer wol gevellet der frumen schar
der miss vellet den bôesen gar.

22f. (Vers 85f.) . . . swaz der frûme gutes getun mach,
daz muz sein der bôesen slach.

Einem jungen Mann sind zwei Gruppen zugeordnet, die das Verhalten des »frumen« und des »boesen« deutlich machen. Links nimmt der *bosvaht* (boswiht) mit der Physiognomie eines Galgenvogels und ausflammendem Haar in devoter Stellung die Aufforderung der *bosheit*, einer häßlichen, buckligen Frau: *vliuh allerslaht ungemach* entgegen und versichert: *ich tůn swaz ir gebitet*. Der *frum man* auf der rechten Seite tritt eine als *bosheit* bezeichnete Gestalt, die aber im Anschluß an Zeile 23 (Vers 86) als Bösewicht charakterisiert ist, unter seine Füße und erklärt: *dv bist unter minen vůz*. In dem jugendlichen Mann darf man wohl den Dichter sehen, der sich Zeile 12 (Vers 75) dem Leser vorstellt: *ich haizz thomasin von zerclêre*. Mit seinen Gesten weist er auf die Vertreter der gegensätzlichen Verhaltensweisen hin, deren unterschiedliche Reaktion auf das Gedicht in den zitierten Versen erwogen wird.

Bild 2 r unten	24 ff. (Vers 87 ff.)	Teusche lant enphahe wol, als ain gûte hausvrauwe sol, disen deinen welihischen gast.
	2 v 1 ff. (Vers 96 ff.)	da von solt du vernêmen heûte, ob dir ain welihischer man leiht auh des gesagen chan teuschen daz dir muge gevallen.

Am unteren Bildrand sitzt in einer von zwei Türmen flankierten Nischenarchitektur eine bekränzte Frau, die *teuscheu zunge.* Sie nimmt als »gute hausvrauwe« das Werk *der welsch gast* entgegen, das ihr *der bot* überreicht; er hat sein Pferd an einem Baum zurückgelassen. Die Frage der Empfängerin: *seit mir chan si daz* verweist auf die Verse 96 ff., in denen es um die Fähigkeit Thomasins geht, sich in einem gefälligen Deutsch auszudrücken. Gemeint ist die »welsche Zunge« des Dichters, die sich einer fremden Sprache bedient.

Vnde von ir sinne vnde von ir gůte.
Daz si ez lazzen an rahe.
Swes mir gebrist an der sprahe.
Ob ich an der tevsche miss spriche.
Ez ensol niht dvnchen wnderliche.
Wan ich vil gar ain walich bin.
Man wirt es an miner tevsch in.
Ich bin von friwle geborn.
Vnde lazz gar an zorn.
Swer an spot mein getihte.
Vn̄ mein tevsche berzert ihte.
Ich haizz thomasin von zerclere.
Boeser levte spot ist mir vnmere.
Han ich gaweines hulde wol.
Von reht mein kay spoten sol.
Swer wol geveller der frumen schar.
Der mvss veller den boesen gar.
Swer frumer levte lob hat.
Der mach wol tvn der boesen rat.
Ist iemen frum der reht tvt.
Daz dunchet niht den boesen gvt.
Wan swaz der frume gutes getvn mach.
Daz mvz sein der boesen slach.

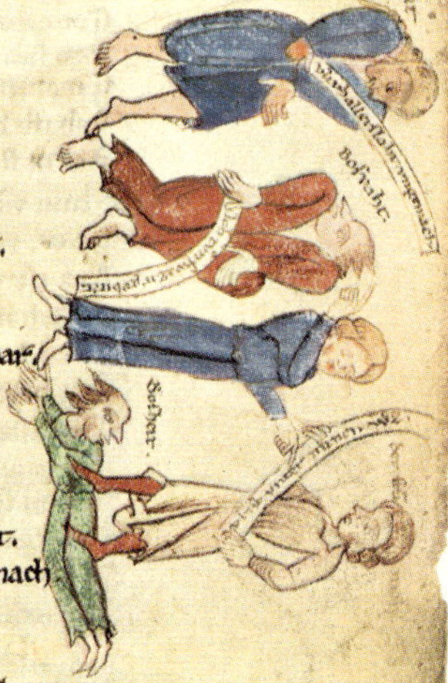

Tevsche lant enphahe wol.
Als ain gvte havsvrawe sol.
Disen deinen welhischen gast.
Der din ere minnet vast.
Der sait dir zvht mere vil.
Ob dv in gern vernemen wil.
Dv hast diche gern vernomen
Daz von der welhische ist genomen
Daz hant bedevtet tevsche levte.

Do er moeht daz er solde.
Swer an vnzuht sein iugent wendet.
Der hat sein alter gar geschendet.
Swer alter wil mit eren leben.
Der sol nah eren iunger streben.
Man leit vil sehen di vntugent.
Waz man dar an tete an der iugent.
Swenn des oberzes nimer ist
So vert daz chint zeder vrist.
In dem bavmgarten hin vnde her.
Sein gelust wirt michels mer.
Dem spiler tut daz spiln baz.
Swenn er nien hat wizzet daz.
Dem vrazz ist nah ezzen not
Der trincher ist nah trinchen tot.
Swenn er niht zetrinchen hat.
So wil ers dann niht haben rat.
Alsam dem alten mann geschieht.
Er chan sich enthaben niht.
Der vndinge noh der vntugent.
Der er phlach in siner iugent.
Da von so gib ich meine lere.
Daz mā sein iugent wol bestere.
An hvfshait vn̄ an guten dingen.
Vns mach dar an niht misslingen
Ich gibe den chinden dise lere.
Ob si ir iht dann wellent mere.
Daz mugen si dar nah gewinnen.
Ob si sichs vleizzent von ir sinnen.
Si svlen schamen sich zemazzen
Wan siv sich schampt der mvz verlazzen.
Rvm. Lug. Spot. vnd schalchait.

3r 21 (Vers 148)	trachait ist niht wol bi der iugent.	*Bild 3v*
30ff. (Vers 157ff.)	swer iunger lebt muzzechleichen der ruwet alter lesterlichen, wan er niht tun enwolde,	
3v 1	do er moeht, daz er solde.	

Um einen mit *tracheit* bezeichneten Jüngling bemühen sich *frumcheit* und eine unbenannte Gestalt, die ihn mit der Ermunterung *wol ůf wol ůf* an der Hand emporzuziehen sucht. Der Beischrift auf der Gothaer Darstellung zufolge macht sich *gerůrde*, der Tastsinn, auf diese Weise bemerkbar). Den Säumigen, der seine Faulheit hinter dem Vorwand: *ja ist ez noch niht tach* verbirgt, spornt die Tüchtigkeit mit einem Stecken an, um ihrer Aufforderung *stant uf tracheit* Nachdruck zu verleihen; als »Gegenkraft« ist ein am Boden hockender Dämon tätig, der den Ermahnten mit einer ihm um den Hals gelegten Schlinge niederhalten will und die Weisung gibt: *lige stille lige stille.*

Bild 4r	4r 26f. (Vers 217f.)	rum, lug, spot, swer deu drei hat, der mach niht haizzen freì.
	4v 3ff. (Vers 226ff.)	spot von rum nimmer geschait. der rumer ist aller scham freì, di luge sint im nâhen bei.

Mit weisender Gebärde macht der *spot* den *rum* (Prahlerei), einen nackten Mann, dem die aufgeputzte *luge* beigesellt ist, auf ein rechts sitzendes »froewelein« aufmerksam: *wi si dich an chapht.* Während diese sich verwundert: *zweu zeiget er an mich*, sieht sich der Angesprochene zu der Überlegung veranlaßt: *da ist si mir holt* und empfängt von der Lüge den Rat: *sprich ich han si gehabt.* Die Nacktheit von *rum* ist wohl durch den Hinweis auf die Schamlosigkeit des Angebers in Zeile 4 (Vers 227) motiviert.

V nde maniger slaht vnstetichait.
A n drin dingen man haben sol
S cham. swer ir wil phlegen wol
A in daz man niht spreche vnere.
D iv ander daz man hab di lere.
D az man gebar reht vnd wol.
D iv dritte daz man tv daz man sol
S wa ain frauwe reht tvt.
J st ir geberde niht gvt.
V n ist avh niht ir rede schoene.
J r gvt getat ist anchvoene.
wan schoene geberde vn rede gvt.
D i chvoenent daz ain frauwe tvt.
J ch sag in daz ir gvt getete.
M ag avh nimmer wesen stete.
C han si niht gebaren wol.
V n reden daz si reden sol
V nschoenev geberde bezaigt vnstete
N ah boeser rede chumpt missetete.
E rleichev wert von frauweleichen.
S wenn si gebart hohfertigchleichen
D iv mvz sich vor hohvart bewarn.
D iv frowelichen wil gebarn.
S i svln bede schamech sein.
J vncherren vn frowelein.
R vm. Lvg. Spot. swer dev drei
hat. der mach niht hartzen frei.
wan der ist schalch der schalchait
J m sei mein dinst wider sett.
D az ist der zvhte gebot.
D az niemen hab des andern spot.
V n da weder weip noh man.

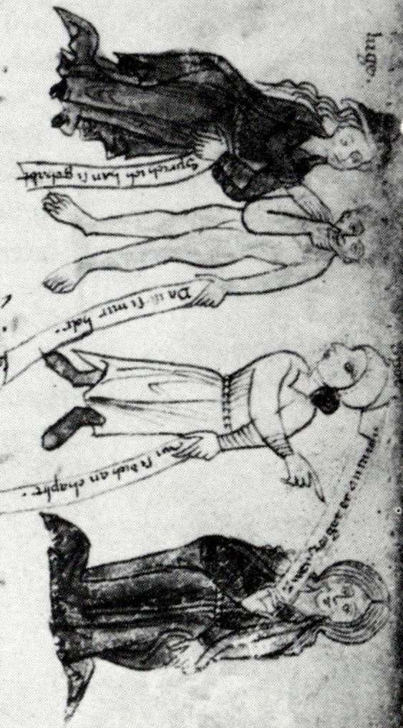

Bild 6r	6r 6f. (Vers 325f.)	si wênt vliehen di archait unde choment in di lecherhait.

Eine falsche Vorstellung vom Geiz treibt den Menschen zum Wohlleben. Der als der *lecher* (Schlemmer) bezeichnete junge Mann wendet sich von *erge* (der Knausrigkeit) ab, die ihn, den offenen Geldseckel im Arm auf einer Truhe sitzend, vergeblich mit der Aufforderung: *wis hie sich waz pheninge* zu halten sucht. Mit der Erklärung: *ich wil niht arch sin* wirft er sich der *lecherheit* (Schlemmerei) in die Arme. Diese gibt dem zwischen ihnen am Boden hockenden *chot* (choch = Koch), der in einer Schüssel rührt, den Befehl: *mach im ein salze* (Soße).

D er seinen gesellen also mvet.
S o schallent dann dev selben chint.
D i vngeslahtes ynveres sint.
W ers wir noh vmb wein.
J a suln wir niht arch sein.
S i went vliehen di archait.
V nde choment in di lecherhait.
S wer da hat schoen sin.
D er ist vnselich vnder in.
S wer avh hat zeverspiln niht.
D er sol gar sein ain boeswiht.
S i schallent all vber den.
V nedelichen erwenn.
D er sich daz an nemen wolde.
D az er da milt wer da er solde.
E r bedorst des geuden niht.
D es da gert ain boeswiht.
J ch wil daz edelev chint.
D i zvht lere volgent sint.
S i schallen. geuden hart vnmere.
M an sol ez dem boesen tavernere.
L an. wan ez ir ampht ist.
D az si schallent zaller vrist.
S wenn si von hove chomen sint.
So suln dann dev edeln chint.
G edenchen an schallen. unir mvt.
A lso tet hevt der riter gvt.
Z ehove ich wil michs vleizzen hart.
D az ich chom in sein vart.
S wer niht merchet daz er sieht.
E r in bezzert sich dervon niht.
J m moeht sin also mere.

Dem volget gutiu zuht mit.
Swer neidet des andern sælichait.
Daz chumpt von herzes bloedichait.
Nit und zorn machent diche.
Vil truben mut und chrumbe bliche.
Unnuz rede. dwerhen ganch.
Seltsen geberde und vil gedanch.
Swer sich an rede bewaren wil.
Der sol sich huten vor dem spil.
Daz uns vil boese rede bringet.
Und wid schoene zuht ringet.
Selten spilt dehain man.
Und wir er verliesent dan.
Ern spreche des genuch.
Daz ain hufsman und gefuch
Moeht vil ungern sprechen.
Wi mach sich ain man baz swechen.
Der umbe chlaine vlust wil.
Sich mit rede schenden vil.
Hiet er verlorn swaz er hat.
Er moeht dannoh gern haben rat.
Daz er niht ensait daz er sait.
Daz machet grozz unstætichait.
Daz spil git hazzes und zorns vil.
Hude und erge ist bi dem spil.
Dem muz vil we nah gut sein.
Der daz sein wiget durch daz mein.
Reht wol und eben leit.
Daz spil reichtum niht engeit.
Wan iegelicher het daz spil verchorn.
Di tugent weren gar verlorn.
Swer vil gert der ist ain chint.

11v 8f. (Vers 686f.) swer sich an rede bewaren wil, *Bild 11v*
der sol sich huten vor dem spil

20ff. (Vers 699ff.) hiet er verlorn swaz er hat,
er moeht dannoh gern haben rât
daz er niht ensait daz er sait.

24f. (Vers 703f.) das spil git hazzes und zorns vil;
girde und erge ist bi dem spil.

Zwei Männer, einer von ihnen nackt, das ausgezogene Gewand auf dem Schoß, sitzen am Spielbrett, auf dem drei Würfel liegen. Auf den Unbekleideten suchen *girde* und *zorn* einzuwirken, die eine, indem sie ihn mit der Verheißung *spil auf den roch du gewinest* zum Weiterspielen reizt, der andere, das Schwert in der Hand mit der Aufforderung *wirf in mit dem stein.* Gemeint ist der Spielstein. Der Verlierer hat schon den Becher zum neuen Wurf erhoben mit der Begründung: *er hat mir vor gesetzet.* Sein Verhalten wird von dem *recht* mit der Waage auf der Seite des anderen Spielers beanstandet; es wendet sich ihm zu mit der Feststellung: *er tut dir* (mir?) *un*recht. Dieser weist die Verantwortung von sich, indem er erklärt, daß ihn das nichts angehe: *nu frage den.*

Bild 19r 19r 20ff. (Vers 1179ff.)

der minn nature ist so getan:
si machet weiser den weisen man,
und geit dem toeren mere nærrischait,
daz ist der minn gewonhait

28f. (Vers 1187f.)

si fůrt in hin uber die baůme
riht ers niht mit des sinns zaume.

Die Illustration demonstriert, wie *der torsch man* und der weise Mann – irrtümlich ebenfalls als *der torsch man* bezeichnet – auf *diu min*n*e* reagieren). Diese ist nackt, mit geschlossenen Augen, dargestellt, den Köcher an der Seite. Sie erklärt: i*ch bi*n *blint un*d *mach blinte*n, indem sie den Pfeil für das noch unversehrte Auge des bereits auf dem einen geblendeten Toren auf die Sehne legt. Ihr Opfer versichert: *du wisest mich wol.* In der Szene daneben richtet die *minne* mit gesenktem Bogen an den vor ihr stehenden Weisen die Frage: *ja sol ih dich wise*n; er antwortet mit Bezug auf das Zaumzeug in seiner Hand: *ih wise dich baz.*

S wer icht chan sprechen wol
E heren sein rede ze gveten dingen.
S o mag im nummer misslingen
I ch han ver tretten mein zil
vnd han gesait des hart vil.
Des nv niht hiet gesait.
Solt ez den chinden niht wesen lait.
Ich wolt haben ander rede gevangen
D i han ich dvrich si vber gangen.
V nd wer sein zeit ich wolt doch.
V on rettern vnd von frauwen noch.
S agen. wi si solten leben.
O b si nah eren wellent streben
A lso ich han hie vor gesait.
A n meinem buch von der hufschait.
D az ich welhischen han gemachet.
I ch sait daz man der minn chraft.
M it schoenem sinn tragen sol
S wer ane schant wil leben wol.
D ez minn natvre ist so getan.
Si machet weiser den weisen man.
V nd geit dem toeren mere narrischait.
D az ist der minn gewonhait.
D i sporn fvrent dvrich di bavme.
D az ros. daz da vert an zavme.
A lsam vert der. der ane sinne
Wenet spiln mit der frauwen minne.
S i fvrt in hin vber di bavme.
Riht ers niht mit des sinns zavme.
D az vettwer ist nvtze vnd gvt.
S wer im niht vnrehte tvt.
G ewinnt da vettwer vber chraft.

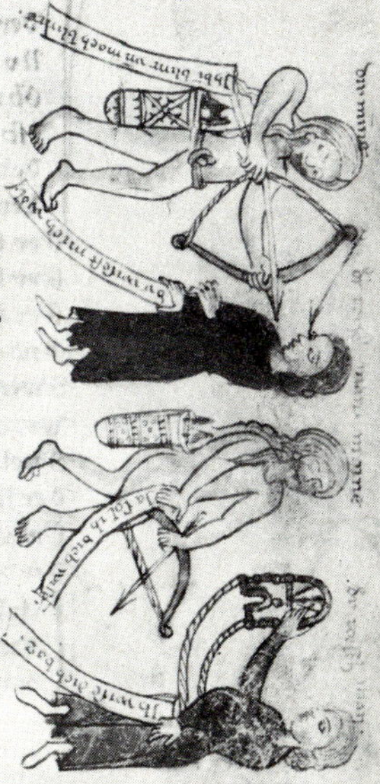

v esten. vnd di warhait.
S wer mit gabe wenit machen gvt.
D az vbel. den triuget sein mvt.
Ain man der nie chvnde gegeben
Lvzel noh vil gar sein leben
weder dvrch ere. weder dvrch gůt.
Der geit im selben dich ze spot
vnd ze laster ain grozz gvt.
Aim weibe dev ir mvt.
von im chert. div hat in ach
Fvr ainn toren vnd fvr ain gavch.
S i zaiget im liebes harte vil.
S wenn si iht anders tvn wil.
Man geit ir ain ander mer.
S o ist awe ir lieber der.
J ch enmain dehain weip gvt
D iv da hat tvgenthaften mvt.
I st awe ain ander man.
Der zehvfs hat niht enchan.
Der geit ainem weibe swaz si wil.
D iv von ir selben hat ze vil.
A in andrev dev da niht enhat
Beleibet an helf vnd an rat.
D az ain man spart seinem leibe.
D az geit er dich ainem weibe.
D iv noh wirser ist dann er.
S waz man erwirvet mit vner.
D az sol man verliesen gar.
A vch mit vneren daz ist war.
G ebe erz doh ainem aim weibe.
D az er spart seinem leibe
D es hiet er leiht danch von got.

20v 12ff. (Vers 1267ff.)

si zaiget im liebes hart vil,
swenn si iht anders tun wil;
wan geit ir ain ander mer,
so ist ave ir lieber der.

Bild 20v

Nach dem Motto *an dem chaufe stet deu liebe* beglückt das unbeständige Weib die es umringenden Liebhaber mit seinen Gunstbezeigungen, so daß jeder sich als der Erwählte fühlt. *Wie sie mir die hant* drukt, stellt der fest, dessen Hand die Schöne ergreift. Der Davorsitzende, den sie auf den Fuß tritt, fragt sich: *waz meint daz.* Während sie sein Gegenüber ans Kinn faßt und ihn zu der Bemerkung veranlaßt: *daz ist gutlich getan*, ist ihr Blick auf den Vierten gerichtet und erweckt in ihm den Eindruck: *sie sieht nieman niwan mich.*

J st bei dem willen zaller stunt.
S pricher dort ain altez weip.
J ch het ainn so schoenn leip
D az mir durch mein schoenhait
waren all ze dienst berait.
N v sint dev iungen weip enwiht.
V mbe sev wirvet nv niemen niht.
M an phlach immer chundhait.
V rode und grozzer hoefschait.
Also tet si tag und naht. naht.
D a ir zervunnen ist ir maht
D a lait si ain ander hin.
S i het und hat noh chlainn sin.
Ich lert daz swelich man.
ze ainer frauwen niht verdienn chan.
Noh enmach daz si durch in tv.
Daz er di sinne chere da zv.
Daz er gutleich von ir chere.
Er sol haben dise lere.
Daz er ir gruz und gar ir hulde.
N ien verliese von seiner schulde.
D er lastert sein selbes leip.
D er da von schiltet ain weip.
D az si durch in niht tun wil.
E r schendet sich halt gar zevil
V nd hat mit ir libe auch ir mut
verlorn ob er daz selbe tut.
Habt ir ez gemerchet ich han gesait.
ain tail von der valshait.
S wer sein wil vernemen mere
E r mach hoeren manich lere.
D ie ich wider di valschait.

24v 2ff. (Vers 1523ff.) *Bild 24v*

sprichet dort ain altez weip
ich het ainn so schoenn leip
daz mir durch mein schôenhait
waren all zedienst berait.
Nu sint deu iungen weip enwiht;
umbe seu wirvet nu niemen niht.

Auf einem Polstersitz dominiert *daz alte wip* über *daz chint*, einen Jüngling, und die *junchfrowe* zu seinen Füßen. Die Alte brüstet sich mit ihren ehemaligen Erfolgen: *hie phor du was ih wert* und beurteilt im Gegensatz dazu die Chancen des jungen Mädchens gering: *Wer aht ůf dise iht*. Vermutlich erklärt sich die Wiedergabe des Jünglings, der zu ihr aufblickt, aus der Zeile 8f. hervorgekramten Erinnerung an das Treiben in ihrer »chinthait«.

Bild 27r Ihrer Grundstruktur nach entsprechen sich die der Einleitung und dem Beginn der zehn Bücher zugeordneten Zierbuchstaben. Der Typus ist der des Spaltleisten-Initials mit Querbändern. Unterschiede in der Ausführung werden deutlich, wenn man das A dieser Seite mit dem M auf fol. 89v vergleicht. Sie stehen im Zusammenhang mit dem auf Grund der Miniaturen festzustellenden Wechsel der Zeichner (s. unten).

Charakteristisch für das A sind seine Zierlichkeit und seine verhältnismäßig komplexe Bildung. Seine dreiteiligen Endblätter — anstatt der sonst in der Handschrift üblichen Knollenblätter entsprechen in der eleganteren Form dem Gesamteindruck des Zierlichen, wie auch die farbige Erscheinung diesen Eindruck unterstützt. Ein gleichmäßiger Strich mit brauner Tinte sondert die hellen Ranken von dem Blau und Grün des Grundes, der in vielfachen Stufungen auf den Umriß des Buchstabens verweist.

wi geturen. wi ge reden.
wider alt. vnd wider iunge.
Daz sait ich in welhischer zunge.
Vnd sold ich ez teuschen gerechen
Jch enmoeht ez niht gahes gesprechen
Auz meiner mateige choem ich verre.
vnd hiet verwirret min lere.
Den wirt man hin den diche rit.
hin dan verre von sinem amit.
An mein mateige wil ich cheren
Jch wil ev sagen von den herren
wi si ir tugent solen phlegen.
Swer des sihr lat vnder wegen.
Der hat sein tugent gar verlorn
Den herren sol niht wesen zorn.
Svmelicher wenet sein tugent haft.
Der niht erchennet tugende chraft.
Daz ich si lert des wer ze vil.
Jdoch sag ich ev daz ich wil.
Ob ez euch alle dunchet gut.
Erzaigen dar an meinen mut.
Ob ich ez chunde daz ich ez tete.
Min wille sol sein fur di getate.
Jch han verent daz erst tail
Got geb vns zu dem andern hail.
y dem ersten tail han ich gesait.
Daz man zuht vnd hufshait.
Jn seiner tugent haben muz.
Swer daz verlat der habe ze buz.
Daz er sei an seinem alter gut.
wan swelich man daz niht en tut.
Der hat sein leben gar verlorn.

Bild 28r	28r 7ff. (Vers 1752ff.)	wir muzzen sehen durch den tach an eû herren waz man sol tvn. ist daz ir tut wol, wir volgen hart gerne daz gut. ob ave ir unrehte tût, wir enwizzen waz wir sulen volgen.

Gezeigt ist die Wirkung des schlechten Beispiels, das *der bose herre* gibt. Vergebens bittet ihn *der arm*, ungepflegt und dürftig bekleidet: *herre troste mich.* Der Angesprochene wendet sich von ihm ab und gibt den Befehl: *slahen hin dan*, den *der chameraere* an seiner Seite mit dem Knüttel ausführt, um der Aufforderung: *hin dan von minem herren* Nachdruck zu verleihen. Zwei Männer unterhalten sich über den Vorgang. Auf den Hinweis des einen: *sich waz unser herre tůt* antwortet der andere: *wir můzen dazselbe tůn.*

E r chrencher sei geber gar.
D az mer ist ane wazzer niht.
B oesleichen tvn dem boesen geschiht.
D er walt ist avch niht ane wilde.
A in boeser herre ain boese bilde.
N iht ze wol gesein mach.
Wir muzzen sehen durch den tach.
A n ev herren wir man sol.
T vn. ist daz ir tvt wol.
wir volgen hart gerne daz gvt.
O b ave ir vnrehte tvt.
wir enwizzen waz wir svlen volgen.
V nd varen irre nahtes vnz an den morgen.
T vt ir vnreht ir seit dev naht.
D ev vns nimt des liehtes chraft.
W ir svlen vns gar an ev schawen.
J r seit der spiegel wir di frawen.
J st der spiegel vngeleiche.
M an siht sich selben wnderleiche.
M an dvnchet sich ze churz od ze lanch.
O de ze brait. ode ze chranch.
A in herre sol schewhen di enge.
D i prait. di churze. di lenge.
D i enge daz er behab daz reht.
S o ist dev strazze weit vnd sleht.
E rn sol der eren lazzen niht.
D iu im von reht ze han geschiht.
E in herre sol schewhen die praitte.
D az er sein maht so belaitte.
D az im der fvz niht entslife.
D a er iemens reht vber greiffe.
D i churz wan er sol niht ze hart.

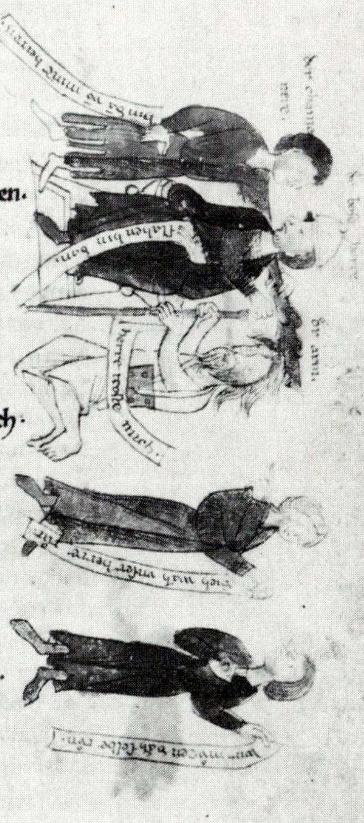

Niv grozzer ere mit iamer hat.
E man werde von gehaizz schol
Darnah ver stat man niht ze wol.
Swelich herre nah gehaizz verstat.
Der wil niht beherzen vnd schat
Dem wist dem er gehaizzen hat
wan er sich gar an in ver lat.
Swelich herre gehaizzen wil iht.
Icht. er sei chlain od vil.
Er sol gedenchen wol fur war.
Er hab ez enomen gar.
Swaz leihent der whcherere
vnd der herre gehaizzent were.
Daz solt vergolten werden wol.
von whcher man sich loesen sol.
Der herre sol loesen sein triuwe.
wan nah gehaizz gehoert niht riuwe.
Ich loese mein phant vor dem zil.
Daz sol sein ains herren will.
Daz er sein warhait loesen sol
vil schier daz stat herleich wol.
Ich loese meinen brief zem whcherere.
Daz er der mit mich niht beswere.
Der herre sol loesen sein wort.
wan liegen ist der helle port.
Swaz ain herre sprichet. ia. od niht.
Daz sol gar sein schephen schrift.

Ich vurcht dinge der herren zorn
Dev stete dev ist gar ver lorn.
von ir willen vnd von ir schulde.
Ez n sol niht sein wider ir hulde.
Swaz ich spriche. ich sprichz durch gut.

33v 26f. (Vers 2123f.) swaz ain herre sprichet iâ od niht
daz sol gar sein schephen schrift. *Bild 33v*

Auf einem Thron sitzt *ein herre; der schephe* (Schöffe) zu seinen Füßen erhält von ihm die Anweisung: *Schreib min ia und min niht*, gleichsam als Dokumentation der Unumstößlichkeit seiner Aussage. Das Blatt ist beschrieben mit der Jahreszahl: *Anno dm M°CC LVI.* Ihre Lesung bereitet hinsichtlich des Zehners Schwierigkeiten; 1216, wie zumeist angenommen, oder 1246 lassen sich indes durch nichts rechtfertigen. Die Frage, ob der Eintrag die Entstehung der Handschrift und ihrer Illustrationen festhält, oder ob das Schreiberbild, wie in anderen aus dem 14. Jahrhundert stammenden Handschriften die Jahreszahl der verwendeten Vorlage übernimmt, ist sicher im Sinne der Relevanz für den Heidelberger Kodex zu beantworten. Die stilistischen Eigentümlichkeiten des ersten Zeichners sind ein Indiz für die Entstehung um die Jahrhundertmitte (s. unten, Seite 144ff.).

Alle chomen vnde ir wint.
Da vahent si hasen also vil
Daz ir zetragen ist ze vil.
Ain eber chumbert vast di hvnt
Der in zv chumet zeder stvnt.
Er bringet di hvnt in grozz not.
Doch wirt auch er ze iungist tot
Da wirt mit seinem horn langen.
Mit gedanchen ain hirz gevangen.
Ze iungest sticher der selbe herre
Ainen per ze tode mit seinem sper.
hai wi chvne er dann ist.
vnz im wert gedanch vrist.
So blasent si ir horn sa
Si hant genvch geiagen da.
Si varent haim si vnd ir hvnt
Mit grozzer frevde ze der stvnt.
So choment dann di valchenere.
Vnd sagent von ir valchen mere.
So hat der herr vil grozz gedranch.
Div herschaft ist niht ze lanch.
Wan smorgens swann er avf stat.
vnd alter saine ze gazzen gat.
So spricher niemen sitzet herre.
Jm ist sein stvle hart verre.
Sein chamerer entwichen sint.
Er hat vor im niht ain chint.
Ern waiz wi daz wiltpzete ist.
Nach dem er ranch so lange vrist.
Der eber mit seinen zenden lanch.
Geuist wol vor seime gedanch.
Nv lat albalde daz er gedenche.

51 v 10 ff. (Vers 3259 ff.) | ze iungest stichet der selbe herre | *Bild 51 v*

ze iungest stichet der selbe herre
ainen per ze tode mit seinem spêre.
hai wi chune er dann ist,
unz im wert gedanch vrîst!
so blasent si ir horn sa.

Zu den Wunschbildern des von Herrschaft Träumenden gehört die Bärenhatz. Wiedergegeben ist die Vorstellung, wie er kniend das angreifende Tier in seinen vorgehaltenen Jagdspieß laufen läßt. Einem Jäger, der ins Horn stößt und mit einem Knüppel bewehrt das »gehünde« heranführt, gibt er auf die Frage: *Sul wir eu helfen* die Antwort: *lat mich in ein* (= allein) *toeten.* Dem in die Stange sich verbeißenden Bären treibt ein weiterer Jagdgenosse den Spieß in die Stirn.

Von Julius der harte vil.
Der werlde het vnter macht.
None half in niht sein chraft
wan do er haime wider cherte.
als er e vil het be heret
Do lebt niwan zwai iar.
vnd werlos sein maht gar.
Da er daz want gewis si.
Da stunt im niht sein maht bi.
Er in wirde doch da erslagen.
Hector ward als ain wagen.
vmbe sein stat gezogen tot.
daz was ain iemerleicher not.

Waz sag ich von den di ir maht
liezzen durch des todes chraft.
wan der was vil di bi ir leben.
Mvsten gar ir maht geben.
Di da heten maht vnd ere.
wrden zetrvbe gendert sere.
Do troia gewnnen wart.
Si wrden do gelastert hart.
wan dev vil alte chvneginn
von troia wart mit vnminne.
In im hore gezogen fur ainn chneht.
Daz was niht hvfscher levte reht.
Doch ward anchises der alte.
Auch vertriben mit gewalte.
Der het im me fevwer grozze not.
vnde lage doch auf dem wazzer tot.
Do hannibal den sich gewan.
do chom ze Rome manich man.
Von siner maht ze grozzer vnmaht.

53v 1f. (Vers 3378f.) . . . Julius der harte vil / der werlde het untermacht. — *Bild 53v oben*

7ff. (Vers 3384ff.) . . . verlos sein maht gar.
da er baz want gewis si,
da stunt im niht sein maht bi,
ern wrde doch da erslagen.

Als Exempel für die Vergänglichkeit irdischer Macht ist der Tod Caesars dargestellt. Vornübergebeugt wird er von *Brut*us und *Cassius*, der auf den ersteren hinweist, vielleicht um ihn als ehemaligen Freund des Opfers zu bezeichnen, durch Dolchstiche in den Rücken ermordet. Auch Caesars Geste ließe sich im Hinblick auf Brutus erklären.

11ff. (Vers 3387) hector ward als ain wagen — *unten*
umbe sein stat gezogen tôt
daz was ain iemerleicheu not.

Ein zweites Beispiel ist das Schicksal Hektors. Sein Leichnam mit der Beischrift *Ector* wird, am Schwanz von Achills Pferd befestigt, in der Rüstung um *Troia* geschleift. Die Stadt ist durch das fest verriegelte Tor, das vier Türme und ein Zinnenkranz sichern, angedeutet.

Siehe auch Umschlag

Bild 57r oben	57r 3ff. (Vers 3604ff.)	leugt ave er so sei im lait daz in der loeser triegen wil mit so getanem tochen spil:
	7ff. (Vers 3608ff.)	swenn er von im chomen ist, so erzaiget er vil wol daz man niht wênen sol daz ain toch ain chint si.

Vor der Gefahr, daß der Schmeichler einem etwas vormacht, wird durch den Vergleich seiner Rede mit der ein Kind vortäuschenden Puppe gewarnt. Auf der Illustration sucht ein sitzender Mann, dem eine kindhaft klein gebildete Gestalt übergeben wird, deren Beschaffenheit in Erfahrung zu bringen: *ist daz ein toche*? Er erhält die Antwort: *iz ist ein schon chint.*

unten	26ff. (Vers 3627ff.)	nu merchet daz swann deu chint in ainen spigel sehent sint, daz chumt niht von grozzem sinne daz si wenent daz dar inne ain chint sei daz mit in spil

Der Torheit des Menschen, der dem Schmeichler Glauben schenkt, wird die kindliche Unvernunft gegenübergestellt, die in ihrem Spiegelbild einen Spielgefährten zu erblicken vermeint. Von den auf der Illustration in den Spiegel schauenden jungen Leuten vergleichen sich zwei dem darin erscheinenden Abbild: *sieh wie schon er ist* und *ich bin schon*er *danne er.*

S wenne man im sprichet wol.
J st daz war daz ener sait.
L evgt ave er so sei im lait
D az in der loeser triegen wil.
M it so getanem tochen spil.
Wan daz nah zainer ãdern vrist.
S wenn er von im chomen ist.
S o erzaiget er vil wol
D az man niht wenen sol.
D az ain toch ain chint si.
D az erzaigt er wol da bi.
D az er di tochen birget gar.
V nd sagt dann fvr war.
D az ener sei ain boeswiht
D er vor lobe gedenchet er dann niht.

Man mach nimmer schelten baz.
dann lobente vast daz.
D az lobeleich niht en ist.
wan so machet man ze der vrist
D az di levt sprechent gar.
G eselle dem lob ist niht war.
V nd werdent scheltent mere
A lle den ainen. so ist der herre.
Niht wol geert ze der vrist.
S wann lop mit lvge gemischet ist.
N v merchet daz swann dev chint.
J n ainen spigel sehent sint.
D az chvmt niht von grozzem sinne.
D az si wenent daz dar inne.
A in chint sei. daz mit in spil.
D er ist noch nertischer vil.
D er ainem andern gelavbet.

Vnd durch rvm mveliche lebten.
Vnd heten ie durch rvm gegeben.
Dine moehten niht den tach geleben.
Daz ir gabe dehainev were so brait.
Daz man dervon immer gesait.
Alexander gab manich lant.
Von den er ist lutzel genant.
Er gab auch manich gabe schoene.
Von den er hat hevt chlainn lone.
Wan als ich gesprochen han.
Swaz durch rvm wirt getan.
Daz mach niht haben langen fvz.
Wan ez hinder beleiben mvz.
Swaz ave durch tugent wirt getan.
Tvt ez auch ain leihter man.
Daz mvz weit werden geprait.
Ez sol immer werden gesait.
Daz ain armer ritter gvt.
Von chlainer habe von reichem mvt.
Ains mantels gab ain tail.
Daz tail chom im ze grozzem hail.
Seht er gap genuch chlaine.
Wan daz sein hertze was so raine.
Daz erz von tugende gap. er ist
Dervon genant zaller vrist.
Darumbe sol ain iegelich man.
Der an reht gedenchen chan.
Den armen vber sehen niht.
Swelhen zegeben geschiht.
Varenden levten daz si von in
Ziegen. di haben auch den sin.
Daz si der armen niht vergezzen gar.

59v 17ff. (Vers 3778ff.)

ez sol immer werden gesait
daz ain armer reitter gut
von chlainer habe, von reichem mut
ains mantels gab ain tail.

Bild 59v

Die Erinnerung an die Mantelteilung des heiligen Martin ist im Bild festgehalten. Vor seinem Pferd stehend, hat der Heilige das Schwert gezogen, um mit der Hälfte seines Mantels die Blöße des bittflehenden Alten zu bedecken.

Bild 62r *links*	61v 31f. (Vers 3920ff.) 62r 1ff.	reht tun daz ist hufshait. swelich man hat ainn hufschen mut der tut mit reht swaz er tut swer reht tut zaller vrist, wizzet daz er edel ist.

In einem Kreis sind drei weibliche Halbfiguren als Personifikationen der im Text genannten Begriffe *hufscheit*, *reht* und *adel* angeordnet. Sie halten sich an den Händen, um ihre Verbundenheit zu demonstrieren. Die Inschriften am Rand des Medaillons kennzeichnen die Art der Beziehung: *hufscheit tut rehte*, *reht tut edelichen*, *adel tut hufslichen*.

rechts	27ff. (Vers 3949ff.)	dem spiler wirt nimmer baz swenn er gewinnet, wizzet daz, im enwerde wierser vil, swann er verleuset sein spil.

Auf einer durchgehenden Bank sitzen *di spiler*, von denen einer sein Hab und Gut verloren hat, zwischen sich das Spielbrett mit drei Würfeln. Der Verlierer rauft sein Haar und jammert: *owe ich blinter*. Sein Gegenüber weist einen dritten Mann, dem er sich zuwendet, auf ihn hin: *sich wie er sich raufet*. Der Angesprochene, vielleicht der Gewinner, scheint von dem Vorgang betroffen.

D er tut mit reht swaz er tut.
S wer reht tut zaller vrist.
W izzet daz er edel ist.
S o wizzet daz di edelen sint.
G emainleichen gotes chint.
N ach dem adel gert mein mut.
N ze sagen. dunchet ez euch gut.
W i ez umbe den gelust stat.
D in iegeleicher seinn gelust hat.
D er aine nimmet uz daz spil.
D er ander phleget ezzen vil.
D er dritte phleget ze beizzen gern.
D er vierde leit ze taverne.
D er fumft lait zaller zeit.
D er sehste bei weiben sich verleit.
S i warent ungeleich wit.
D i ir gelust wolgent hart.
S wer niht wol gevolgen mach.
S einem gelust durch den tach
D er dunchet sich unselich gar.
D och sag ich ez wol fur war.
D az der unseliger vil ist.
D er im da volget zaller vrist.
W an hat er aine frevde dran.
S o gewinnet doch der selbe man.
Z ehant der bei ain lait so groz.
D az wol der frevde ist genoz.
D em spiler wirt nimmer baz.
S wenn er gewinnet wizzet daz.
J m en werde wierser vil.
S wann er verleuset sein spil.
D i wurfel di er in der hant

Bild 63r	62v 30ff.	ez enwart nie dehain man
	(Vers 3983ff.)	so vrô, do er ain weip gewan
		ern sei dann vnvroêr vil
	63r 1	ob si ainn andern minnen wil.
	10ff.	swer ain unstete weip hat,
	(Vers 3995ff.)	ist si im liep, bi liebe stat
		grozz lait und grozz swêre.

Das untreue Weib, das seinem Mann Anlaß zu Kummer ist, läßt sich bei einem Stelldichein unter einem Baum von seinem Liebhaber karessieren. Auf die Bemerkung des Galans: *sehe nu daz din man* antwortet sie: *des erlaz mich got.* Den Betrogenen macht jedoch ein Wohlmeinender auf den Vorgang aufmerksam: *sih zu waz din wip tut*, so daß er bekümmert feststellen muß: *we mir si ist im holt.*

O b si ainn anderen minnen wil
J ch sprich ob si im lieb ist.
wan daz geschiht zaller vrist.
A n swev grozzer frevde leit
D a leit grozz lait zaller zeit.
S wem gewinnvnge lieb ist.
der mach vertragen zaller vrist
V erlust wierser dann ain man.
D er gut sammen niht enchan.
S wer ain vnstete weip hat.
J st si im liep. bi liebe stat.
G rozz lait vnd grozz swere.
J ch enwolde niht daz ich ez were.
A in iegelich biderb man sol
S wes weip tut minn dann wol
wizzen. daz dehain man.
M it dehainer tugent niht enchan
A ine weibe wol gevallen.
J st si vnstete daz si wallen
L azze di andern avz ir mut
wan tet siz so were si gut.
S welihev ir ere nim wil bewaren.
D v lat ir mannes tugent varen.
V nd ahtet avf sein tugent niht.
S wann ir vnrehte zetvn geschiht.
S welichev ir ere bewaren wil.
hat auch ir man vntugent vil.
S i tut doch daz si tvn sol.
D az sult ir mir gelauben wol
wizzet daz ain gut weip reht tut.
J r man sei vbel ode gut.
J st aver er swi gut iemen wil

Bild 68 r	67 v 29 ff. (Vers 4301 ff.)	sol ave der vreî wesen, der an ain weip niht chan genesen und der niht hat so vil chraft, ern muezz ir maisterschaft
	68 r 1	dulten un gar ir gebot
	5 ff. (Vers 4309 ff.)	wi wil dann gebieten der der durch ain weip hat so ser seinn mut nider lazzen?

Zur Charakterisierung des seinen Gelüsten Folgenden, der dem Laster hörig ist, dient das Bild des Frauenknechts. Er steht unter der Fuchtel und erfüllt jeden Wunsch des ihn beherrschenden Weibes. Mit erhobener Geißel befiehlt die Sitzende, indem sie auf den entblößten Fuß deutet: *chlewel da schier.* Ihre Zumutung wird von dem knienden Mann, der den Fuß hält, bereitwillig erfüllt: *vil gern vrowe.* Darunter reagieren zwei den Vorgang erörternde Männer auf diesen Beweis der Dienstbarkeit: *solde der min genoz sin* und *nu enwelle got.*

D ulten. vn gar ir gebot.
D er machet avz im selben spot.
D er alle wege ligen mvz.
V nder aines weibes fvz.
Wi wil dann gebieren der.
D er dvrch ain weip hat so ser.
S einn mvt nider lazzen.
J ch wil immer sein verwazzen.
O b ich sein genozzen gehe.
J ch ensprich daz mir geschehe
D az ich in fvr herren welle han.
D az wirt von mir nimmer getan.
N v habt ir vernomen wol.
Daz man sich behvten sol.
V or vntvgent. ich han gesait
A vch. wi vns vnstetichait.
Z allen ceiten mven chan.
J ch sait wa von ain iegelich man
J n seinem orden svl beleiben
H inne fvr so wil ich schreiben.
von der tvgent vnd von der stete.
J ch wil ain weile di vnstete.
Rven lazzen ob si wil.
J ch hiet von ir zesagen vil.
D es ich iw niht gesagen mach.
V ns wert niht so lange der tach.
D az ich saget daz ich sagen w solde.
O b mans icht mere vernemen wolde.
J ch sprach. daz vnstete sei.
A llen vntvgenden bei.
N v svlt ir auch wizzen wol
D az dev stete wesen sol.

Ob aver im geschiht wol.
Daz er harter wrhten sol
Wan der hat dehain reht niht.
Dem gvte in seinem vbel geschiht.
Seit er sein reht hat verlorn.
Daz moeht im wol wesen zorn.
Ez moeht im halt wesen lait.
Wesser daz im dev arbait.
Andersuua behalten ist.
Dier verdient zaller vrist
Er hat zwo vnselichait.
Dev aine daz er ist berait.
Ze vbel. dev ander ist.
Daz er so svnter zaller vrist
Daz in vnser herre niht.
Zvhtigt mit vngeschiht.
Vnser herre phlach des. e.
Daz er inder alten. e.
Nien vertruch dehainn svnte.
Vnd zvhtigt si ze der selben stvnte.
Do si di svnte heten getan.
Jch waiz daz ich gelesen han.
Daz svmeleich wrden erslagen.
Svmeleich svs tot lagen.
So versvnchen svmeleiche.
S wrden avzsetzich etleiche.
Svmeleich gar verbrvnnen.
Jch waiz daz si zehant gewnnen
Daz in ab nam ir svnt
Ez was in baz ze der stvnt
Getailt. dann ez vns nv sei.
Wan wir mvgen wol da bei.

71 v 7 ff. (Vers 4535 ff.) ez moeht im *(dem Bösen)* halt wesen lait, *Bild 71 v*
wess er daz im deu arbait
anderswa behalten ist
di er verdient zaller vrîst.

32 (Vers 4560 ff.) 72 r 1 f. . . . wir mugen wol da bei
wizzen daz uns dort wirs geschiht,
seit er uns hie zuhtiget niht.

Der Übeltäter, der die Keule zum Schlag erhoben hat und den sein Opfer vergebens anfleht: *herre tote mich niht*, begeht sein Verbrechen angesichts der himmlischen Mächte und der Vertreter der Hölle. Der eine der beiden Engel hat schon seine Rute bereit, um die Untat zu vergelten, wird aber in seiner Absicht: *ich wil in zuhtigen* von dem zweiten gehindert, der ihn am Bein faßt und erklärt: *unser herre wil des niht*. Für die beiden Teufel mit ihren Haken ist diese Zurückhaltung der göttlichen Macht das Zeichen, daß der Bösewicht ihnen überantwortet wird: Aus der Feststellung seines Genossen: *er enlat in niht zuhtigen* zieht der andere Höllengeist die Folgerung: *So ist er im bescheret*.

Bild 73r 73r 25ff. (Vers 4649ff.)

swenn der ubel ie mer tut,
so im iê mer bringet sein ungut
unfreuden und unselichait.

der ungut man, von dem *der arm* malträtiert wird, wendet sich mit der Frage: *waz bringet ir mir* zwei ankommenden Männern zu. Sie tragen *unselcheit* und *unvreude*, wie erlegtes Wild über eine Stange gehängt, und geben entsprechenden Bescheid: *wir tragen dir weisode* (wîsôt = Geschenk) *unselde und unvreude.*

S o wizzet fvr di warhait.
S chvlde ist ain grozz vnselichait.
D em da der gewalt geschiht.
D er hat an der schvlde tail niht.
S o sol er avch niht haben tail.
V on reht an dem vnhail.
E r gewinnet drin tail niht.
I r sehtz swann daz geschiht.
D az der rihtere rihten sol
D erz gar nah reht chan rihten wol.
E z sprichet ain vnverstendiger man.
V nser herre savmet sich dar an.
D az er vertragt so lange ceit.
D az ain gvt man leit.
V nder ains vbelen manns fvz:
Wan er im immer dienen mvz.
N iht ern savmt sich niht dar an.
E r enhilfet den vbelen man
N och wirret dem gvten niht
S wi lange ez halt hie geschiht.
D az ez got vertragen wil.
Wan er hat der loen vil.
D i in beden choment wol
D ar nah vnd erz geben sol.
S wenn der vbel ze mer tvt.
S o im iemer bringet sein vngvt.
V nfrevden vnd vnselichait
D az wizzet fvr di warhait.
S wann der senft man gvt.
I e mer dvltet daz man tvt.
S o er ze hat bezzer lone.
Wan daz zieret sein chrone.

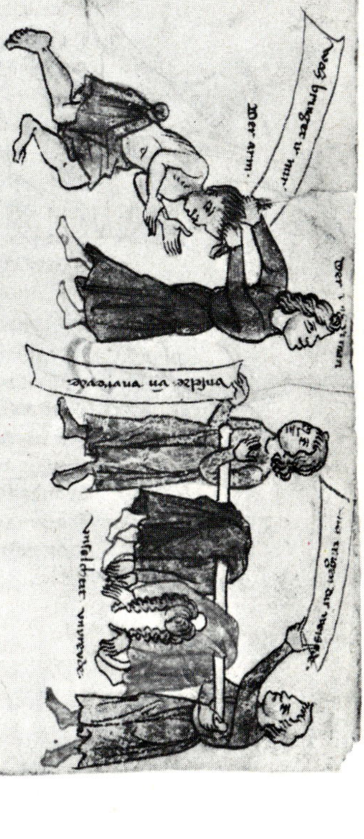

S eht wi wol er Job chomen ist.
wan er erchant ze der vrist.
D az er hete gotes hulde.
D o er lait marter an schulde.
Do erchant er sein stetichait.
D i er niht fur warhait
V er des het erchant so wol
D a von niemen sprechen sol.
D az ez ane reht geschiht.
D az got verhenget dem tivel iht.
G regori der hailige man
von dem man guteu dinch chan.
harte vil wan er sait
Mit gotes zungen swaz er sait
E r spricher daz des tivels gewalt
S ei vbel niht. er spricher halt.
E r sei gut. ave sein wille ist.
V bel spricher er zaller vrist.
S eht daz sein gewalt ist gut.
D a von daz er deheinen tut.
S chaden. da sein got hengen wil
S ein vbel hilfet auch vil
D en guten. swaz der vbele tut.
D az wetzet dem guten seinen mut.
D a bi muget ir wizzen wol.
D az unser herre verhengen sol.
D az ain unseliger man.
D er sol auch gewalt han.
wan danne wirt seliger der gut.
S wanne man im unreht tut.
D er vbel schait dehain vrist
N iwan dem der vbel ist.

75v 19ff.
(Vers 4803ff.)

Seht daz sein gewalt ist gut
da von daz er dermit tut
schâden da sein got hengen wil.
sein ubel hilfet auh vil
den guten . . .

Bild 75v

Hinter dem sitzenden Gerechten holt der Teufel mit einem gewaltigen Hammer zum Schlag aus. Um den Hammerkopf ist eine Schlinge gelegt, die von einer aus den Wolken ragenden Hand gehalten wird, ein Zeichen, daß der Böse nichts ohne den Willen Gottes tun kann.

Bild 80r	80r 17ff. (Vers 5089ff.)	ain arzat der wol erzen chan, der erzent dich ai*nn* siechen man mit durst, mit hunger und mit prant. er bint in auf zu ainer wânt, er sneidet und stichet in vil hart. ainem andêrn rauffet er seinen part und sein har, wan er wil daz er niht enslaffe ze vil

Der Arzt, der den Kranken seinem jeweiligen Leiden gemäß traktiert, auch mit schmerzhaften Mitteln, ist ein Bild für das Handeln Gottes zum ewigen Heil des Menschen. Am Bett, in dem *der siech* liegt, steht *der arzt* und zieht ihn am Bart, um ihn aus dem Schlaf zu wecken mit der Begründung: *dir ist slaffen ungesunt.* Daneben hängt *der siech* an einem Pfahl, festgemacht an Händen und Füßen, damit der ärztliche Eingriff mit dem Messer vorgenommen werden kann.

Wil sichz der an nemen niht.
Dem da ze sprechen geschiht
Got solde dem geben selichait.
Disem liep dem andern lait.
Ja waiz got wol wem er sol geben.
Unselich. ode selich leben.
Got der erzent uns aller vrist.
Dar nah und unser sichtum ist.
Welle wirz niht han fur gut.
Swann er uns erzent unsern mut.
Und wellen sprechen daz.
Daz er moeht tun baz.
Wir mugen wol von unserm mut.
Treiben den edelen arzat gut.
Und gewinnen nimmer mere.
Dehainen mit also guter lere.
Ain arzat der wol erzen chan.
Der erzent dich ain siechen man.
Mit durst mit hunger. und mit prant.
Er bint in auf zu ainer want.
Er sneidet und stichet in vil hart.
Ainem andern rauffet er seinen part.
Und sein har. wan er wil.
Daz er niht enslaffe ze vil.
So machet er dem andern daz.
Wi er muge slaffen baz.
Und lat in hungern niht.
Wir sehen wol daz ez geschiht.
Alsam unser herre tut.
Swann er erzent unsern mut.
Er erzent den mit selichait.
Den andern erzent er mit lait.

Allez daz inder werlde ist.
Siht man an im zaller vrist.
Swaz ie wart od werden sol
Daz siht man an im wol.
Jch wil sein an zwevel iehen
Swaz vns nutz wir zesehen.
Daz sieht man an im gar.
Swer auz der werlde chumt dar.
hie hat ende dev vierde lere
Man sol mir noh vernemen mere.
ICH dunchet ich hab am lāge zit.
Gesait. waz freude. tugende geit.
Vnd daz der tugenthaft man
Nie dehain vnselde gewan.
Jch zaiget daz er sol furhten niht
Swaz im zvngelvche geschiht.
Nv wil ich ev zaigen fur baz
wi di tugent fugent daz
daz man zehimel chomen sol.
So han ich dann gezaiget wol
Daz niht so nutze so tugent ist.
Swer ir volget zaller vrist.
Ez sint zwaierslaht gůt.
Vnd zwaierslaht vbel swer sein tut
war. daz fumft beraitschaft ist.
Vnd gezevch des vbelen zaller vrist.
Daz erste haizzet oberistes gut.
wan ez niht wan reht tut.
Daz ist vnser herre got.
Sein will vnd sein gebot.
Jst daz man reht tv.
Swer im wil chomen zv.

Gegenüber der Initiale auf fol. 27r wird hier ein neuer Anspruch spürbar. Schon die andere Farbverbindung: Rot und Blau und die zu ihr kontrastierende Verwendung von schwarzer und roter Tinte zeigen eine Veränderung an. Als neues, die Form des Buchstabens konstituierendes Element kommt der gebogene Drachenleib hinzu. Die Ranke dient in ausgewogenem Schwung und Gegenschwung mit ihren sich entfaltenden Blättern als Füllung, wirksam isoliert durch den farbigen Grund, so daß sich die Tendenz zum Ornamentalen im Widerspiel von Positiv- und Negativformen ausdrücklich bemerkbar macht. Die Ranke ist überschaubar ausgebreitet, nicht, wie auf fol. 27v, erst im Nachvollzug ihrer Verflechtungen faßbar. Damit wird das ihr eigentümliche Vegetabilische in eine abstraktere Figuration transponiert. In Parallele dazu sind die sich spaltenden Ranken des Buchstabenkörpers als Einfassungen der ornamentalen Zwickel behandelt. Die Tendenz zum Überschaubaren kommt auch in der reduzierten Abtreppung der farbigen Felder zur Geltung. Der Zierbuchstabe erhält bildhaften Charakter. *Bild 89v*

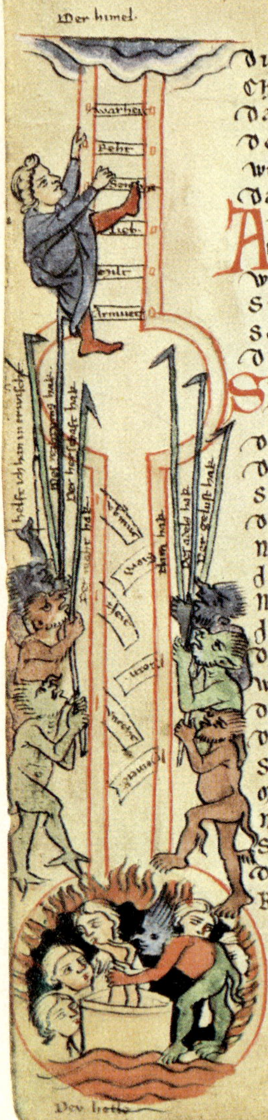

Die stiege zem oberisten gut.
Chomen mug. swer hat den mut.
Daz er dar auf chomen wil.
Der muz gedenchen hart vil
Wi er di stiege machen sol.
Daz er dar auf steige wol.
Aiή regeleich staphel muz sein.
Ganz von einer tugent. daist mein.
Wille. unde auch mein rat.
Swann man dar auf danne gat.
So mag man uren sicherleichen.
Doch sol man varen sterleichen.
Swer di stiege machen wil
Der sol sich des auch vleizzen vil.
Daz di untugent chomen niht.
Derzu. wan ob daz geschiht.
So nemt daz in euwern mut.
Daz si zem oberisten gut
Nimmer wol geraichen mach
Ja sol dev naht und der tach.
Nimmer mainander chomen
Ich enhan ez auch nie vernomen.
Daz ez tach were umb mitten naht.
Wan dev vinster hiet di maht.
Daz si scheinen mocht wol
Des doch niht wesen sol.
Sam mach dev tugent daist war.
Mit der untugent schar.
Niht ensamt wesen wol.
Swer di stiege machen sol.
Dv hin zem oberisten gut
Reiche. der habe so rainen mut

91 r 31 f. (Vers 5809 f.)	nu hapt ir vernomen wol von weûwe ain man machen sol	*Bild 91 v*
91 v 1 (Vers 5811)	die stiege zem oberisten gût	
7 f. (Vers 5817 f.)	ain iegeleich staphel muz sein ganz von ainer tugent . . .	
92 r 27 ff. (Vers 5869 ff.)	man wrchet in alter und in iugent ain stiege auz der untugent,	
92 v 3 ff. (Vers 5877 ff.)	di staffel sint nider gecheret, wan ir igeleicher geret, swer drauf trete, daz er vall nider	
13 f. (Vers 5887 f.)	man sleiffet drabe zaller stunt von hinne in der helle grunt.	

Von dem Rund, das die Erde bezeichnet, reicht eine Leiter mit fest eingefügten Sprossen – den Tugenden – in die als *der himel* zu verstehenden Wolken; eine zweite mit abwärtsgerichteten Sprossen – den Lastern – führt hinab in *deu helle.* Auf beiden Seiten stehen mit Haken ausgerüstete Teufel, um einen zum Heil Emporsteigenden herabzuziehen. Die Folge der Tugendschritte ist: *armuet*, *milt*, *lieb*, *sempht*, *reht* und *warheit.* Ein Teufel, der mit *der herschaft hak* den Mann gefaßt hat, fordert Unterstützung von seinen Genossen: *Helft ich han in erwischt.* Diese halten *des reihtums hak*, *der maht hak*, *nam hak*, *des adels hak* und *der gelust hak* in Händen. Höllenwärts führen *ubermut*, *gierd*, *neit*, *zorn*, *unreht*, *meineid*, die Gegensätze der zum Himmel strebenden Tugenden. In dem Flammenrund des Abyssus taucht ein Teufel einen Verdammten kopfüber in einen Brunnen, um den fünf Leidensgefährten aus dem Höllenstrom aufragen.

Bild 98r 98r 20ff. (Vers 6296ff.)

nu handelt man baz di untugent
dann di tugent, daist war
da von dringe wir alle dar
chumt zehove ain biderb man,
den wil der herre niht sehen an:
chumt ave dar ain bôeswiht,
der chumt an ere wider niht.
ob ain frum man zehove wêre,
choeme danne der vûcherêre,
man hiet den biderb man fur niht.

Die Illustration zeigt die Konsequenz aus dem Wandel der Einstellung gegenüber der Rechtschaffenheit. Unbekleidet, mit einer Mütze auf dem Kopf, thront links die *untugent*, die dem Vorankommen neuerdings mehr nützt als die Tugend. Sie fordert deshalb auf: *vart herz mir welt ir er*. Ihr gegenüber steht eine Gruppe von fünf Personen. Die Bezeichnung: *die enphahent ir lehen* besagt, daß sie sich von der Untugend mit schlechten Eigenschaften ausstatten lassen, um zu Ehren zu gelangen. Ihre Wünsche und Reklamationen sind den Spruchbändern zu entnehmen: *leiht mir archeit*, *ich han iz e gevodert*, *leiht mir daz wcher* und *owe si dringent mir alle vor*.

Waz got der herren ist zevil
Fvr war ich ez ev sagen wil.
D i vns machent vntugenthaft.
M it ir vntugende chraft.
Wa von mag man niht vinden hevte
Also tugenthaft levte.
A lso man hie bevor vant
D az mag ich ev sagen zehant.
D i herre waren tugenthaft.
S o lieber den andern ir tugent chraft.
D az si wrn nah der tugent
Baidev an alter vnd an iugent.
N v habent si verchert ir sit.
D a muzz wir avch varen mit
Ain iegelich man tut gern daz.
Da von man in handel baz
Man handelt tugenthaft levte.
Bei alten ceiten baz dann hevte
D a von wrben si vast nah tugent
N v handelt man baz di vntugent
D ann di tugent daust war.
D a von dringe wir alle dar.
Chvmt zehove ain biderb man
Den wil der herre niht sehen an.
Chvmt ave dar ain boeswiht.
D er chvmt an ere wider niht.
O b ain frvm man zehove were.
Choeme danne der wehere re
Man biet den biderb man fvr niht
Als der boese herre siht.
D en weherer gewisleichen
J m muz der biderbe man entweichen

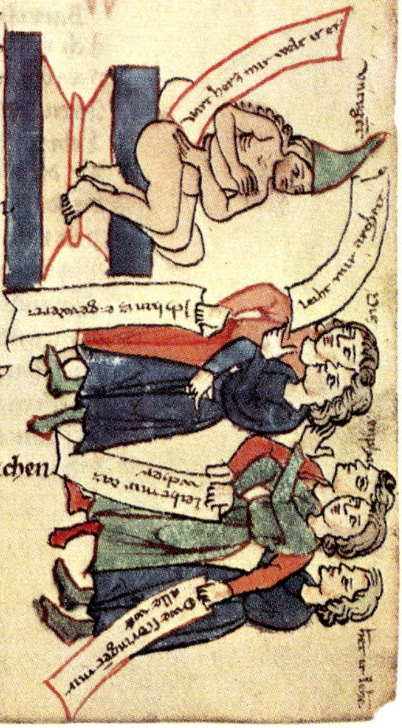

Bild 99r 99r 7ff. (Vers 6347ff.)

wizzet daz der frum man ist
der boesen unwille zaller vrist.
si schrîren alle uber den
ob si in sehen etwenne,

der vrum man, irrtümlich durch die Gestalt einer Frau wiedergegeben, drückt mit einer langen Gabel die Bosheit unter seinen Füßen zu Boden mit der Feststellung: *du must da ligen.* Auf sein Verhalten macht der ihm zunächst Stehende der drei Männer aufmerksam, die der thronenden *bosheit* als *jr dinestman* untertan sind. Die provozierende Frage: *seht ir waz der tut* gibt der Nachbar weiter an seinen Nebenmann: *sihstu waz d*er *tut.* Dieser kommentiert den Vorgang: *nu went erz wol tun* und weist auf die Bosheit, die den Befehl gibt: *rechet mich an min*em dinestman.

Di frumen muzen sich bergen gar.
Daz gelaubet wol fur war.
Swer nu niht verborgen ist.
Wirt misse handelt zaller vrist.
Der boesen leute ist so vil
Daz sich der frum niht zaigen wil
Wizzet daz der frum man ist.
Der boesen unwille zaller vrist
Si schriren alle uber den.
Ob si in sehen etwenne.
Si treten auf in mit den fuzzen
Nu seht ob er sich bergen muzze.
Ob sev di herren vinden wolden.
So sag ich ev daz si solden.
Eren tugenthafte leute.
So vunden si vil leiht noh heute.
Di des vil wol weren wert
Daz man sev stunt solde han geeret
Di boesen liezzen ir boeshait.
Ob in di herren teten lait.
Ain man tet dich daz er solde.
Ob man in da von eren wolde.
Di herren mugen schaffen wol
Daz man tu daz man tun sol.
Wi mugen si tun daz. Eren di frumen baz
Danne di boesen wizzet fur war
Si lazzent di boeshait gar.
Ob aver daz niht geschiht. Si sint des an schulde niht
Daz ich von rittern han gesait
Daz sol man von der phafhait
Auch weisten. dehaner wil.
Nach der chunst streben vil.

Der vnweise weises zunge hat.
Der weise chan niht geben rat.
Fur den alten dringet der iunge.
Daz vihe hat aines manns zunge.
Erwischet vnd went sprechen wol.
Ain iegelich man sol
Hinne fur sein zunge han
Stille vnd sol daz vihe lan
Reden. daz ist worden reht.
Der herre sol eren den chneht
Di ritter suln gen ze fuzzen.
Von reht di loter reiten muzzen.
Der hailige weissage sprach
Daz er di schalche reiten sach.
Do di herren musten gen.
Daz sol man also versten.
Daz di boesen habent ere.
Di frumen sint genidert sere.
Daz ist nu allez worden schein.
Warumbe sol daz also sein.
Da habent di vntugenthaft.
In der werlde maisterschaft.
Wi habt ir mich niht vernomen.
Daz di berch baume sint bechomen
Her ab zem mos. da daz mos gras
Her abe in dem mos was.
Vnd du der schamel nider lagen
Vnd du wir hohe tische phlagen.
Vnd nidern bench wizzet daz.
Daz dev werlt do stunt baz
Do tet der herre vnd der chneht
Daz si solten tun von reht.

100v 3ff. (Vers 6445ff.)

fur den alten dringet der iunge.
daz vîhê hat aines manns zunge
erwischet und wênt sprechen wol.
ain iegelich man sol
hinne fur sein zunge han
stille und sol daz vihe lan
reden, daz ist worden reht.

Bild 100v

Die im Text genannten Anzeichen für die Verkehrtheit der Welt sind zu einem Bild vereint. Rechts stehen *der iunge* und *der alte*, in einer Auseinandersetzung über den Vorrang begriffen. Die Zumutung des Jüngeren: *la mich vor alter tor*, kommentiert der Beschimpfte: *also stet deu werlde nu*. In der vorausgehenden Gruppe hält eine Frau, an die *der herre* auf seinem Thron die Frage richtet: *wen wil du ze vursprechen* einen Widder — wohl als Sinnbild der Wollust — vor sich. Ihre Erklärung: *den wider ich nem wol* findet den Beifall eines Mannes, zu dem sie sich umwendet: *du hast rehte getan*.

S wer zevron hove chomen sol
der sol sich paden hart wol
Mit tugende vnd mit gute
Sol er paden sein gemute.
Daz pat sol harz werden von minne
wan er sol han wol di sinne.
Daz er got minnen sol.
vnde di leute so chan er wol.
Sein pat hartzen daz ist war
Da sol er sich inne paden gar.
So wirt im daz pette beraitt
Da er leit immer ane lait.
Er vert auch dann zehove bar.
Vn vletichleicher wirzt daz.
Swer zvnsers herren hove sol
Wil er sich hie niht paden wol.
Der scherge enlet in niht dar.
Ein pade muzzechleichen gar.
von dem haubet vnz an den fuz.
Daz pade er danne erleiden muz.
von dem ich iezu han gesatt.
we dem der sich drinne batt.

H ie sult ir auch wizzen wol.
daz man der tugent cheten sol
Auch flehten mit sehs dingen.
Diu vns ze got suln bringen.
Di tugent muzzen zaller zeit.
Mit den vntugeden haben streit
Alsam muz ane missewende
Sein wider wertich ir vnder gebende.
Der vntugent cheten zeuht vns nider
So mag vns vnser herre wider.

105r 23ff. (Vers 6753ff.)

deu chetin di wir mit untûgent
vlehten an alter und an iugent,
diu wirt zehelle stelin gar,
daz gelaubet wol fur war.
seht da mit wadelt man wol
swer da zehelle paden sol.

Bild 105v

Der nackte Mensch, auf den *der helle bat*, ein über dem Feuer siedender Kessel, wartet, wird von zwei Teufeln traktiert. Mit der seinen Hals umschließenden Kette ist er an seinen Bestimmungsort gebracht worden. Ihre Glieder deuten die im Text aufgezeigte Verbindung der Laster untereinander an. Sie läßt sich aus den Beischriften zusammenstellen: *rihtum* verbindet *girde* und *ubermut*, *herschaft* diesen mit der *smacheit*; mit ihr wird *upecheit* durch *maht* vereint; *nam* bringt *upecheit* und *torscheit* zusammen, und die letztere ist durch *adel* mit dem *gelust* verbunden. Den Knoten der Kette (fol. 105r Zeile 19) bilden *tracheit*, *lecherheit*, *trunchenheit* und *hurlust*. Mit ihr soll das Opfer wie mit Badereisern gepeitscht werden. Für diesen Dienst ist der hinter ihm stehende kleine Teufel vorgesehen, der die Arme zum Empfang des »Arbeitsgeräts« ausstreckt. Über den Kopf des zurückblickenden Menschen gießt der zweite größere Teufel eine lodernde Schöpfkelle aus.

Bild *116r*	116r 5ff. (Vers 4747ff.)	daz ist reitterschaft gar, swann man der untugende schar auf die erde bestrewet nider unde lat sei niht auf chomen wider.

Durch den mit gesenkter Lanze in der Karriere angreifenden Gewappneten, dessen Ritterschaft sich nicht in höfischer Kurzweil, sondern im Kampf gegen die Laster äußert, ist *der untugent schar* außer Gefecht gesetzt. Nur noch einer der zur Erde Gestürzten hebt das Schwert; ein anderer kommentiert die Lage: *wier enchomen* n *nim*mer *auf.*

S wer vntugenden an gesit.
D er streitt ainn reitterleichen strit
J a haizz ich daz niht reiterschaft.
D az ain man brichet ainn schaft.
D az ist reitterschaft gar.
S wann man der vntugende schar.
A vf di erde bestrewet nider
vnde lat sei niht auf chomen wider.
A lso ich ev vor han gesait
D er vntugende schar ist prait.
J ch han ev getailet gar.
D i vntugent in vier schar.
S wer mit den vier scharen streiten sol
D er bedarf gotes helfe wol.
N v tv war edel reitter tv.
S i reitent allenthalben zv.
h ohvart reitter daist war.
Z e vodrist an der ersten schar.
V nchevsche trait ain brinnent sper.
L yge ist gewaffent mit vner.
T rachait ist mit boesshait
vom havbet vnz an di fvzze gechlait.
D en vieren volget gar ir her.
N v wer dich edel reitter wer.
J r schal sol dich niht schrechen.
D v solt dein tvgent wechen.
D az si dich waffen gegen in.
D en vanen sol dir geben der sin
D az dv deiner tvgende her
B elaiten chvnnest wol zewer.
D az swert nim dv vome reht.
D az dv daz chrvmpe machest sleht.

Bild 126r 126r 25ff. (Vers 8111ff.)

swann du dich rumest von gewinne,
so soldest du haben auch di sinne
daz du erchanst dein verlust,
so liezzest du deins rumes gelust.
wan du hast di milt verlorn,
di êrge hastu erchôrn,
di tugent umbe untugent gegeben,
unde wenest nach gewinn streben.

Zwischen *milt* und *reht* und *girde* und *unreht* thront *ein herre*, dessen Lebensinhalt das Streben nach Gewinn ist. Die beiden Tugenden haben eine Stange geschultert, mit der sie *daz pardise*, ein Medaillon, gefüllt mit Bäumen und Blumen, herbeitragen. Auf die Erklärung der Milde: *wil du daz ist dir bereit* antwortet der den Reichtum Bevorzugende: *ich hans durch daz gebeten*, indem er auf die von den Untugenden in entsprechender Weise transportierten vier Geldsäckel deutet und damit seine Gier offenbart. Die wohl richtige Lesart in G: »gegeben« besagt, daß er mit seiner Entscheidung gegen die Tugend um des Geldes willen den wahren Gewinn – den himmlischen Lohn – drangegeben hat. Deshalb bedrängt ihn auch die Gier mit der Aufforderung: *ginch her in din chamer*, d.h. in die Hölle, die als Gegenstück zu dem angebotenen Paradies in Form eines Zehnecks mit zwei Drachen erscheint.

Ze wngist wetzet er seinen sin.
So daz erin gar versleiffet hin
Vnde chan niht dwingen seinn mvt.
Ern sterbe bei seinem aigen gvt.
Des hvngers vnd des vrostes avch.
Ist er dann niht ain weiser gavch
Daz er seinen sin so verlaitt.
Daz er hie mit arbaitt.
Erwirvet daz im dort werde
Ave wierser mener werlde.
Wan als ich sprach swer an gewin.
hat verlazzen seinn sin.
Der hat hie vnd dort not.
Vnde ist lebentiger tot.
Vnde dvnchet sich doch der sammere
Weise vnd der wcherere.
Geselle dv hast ainnarmen sin.
Den dv wenest cheren an gewin
Nv sage mir wa sint dein list.
Ez scheint wol daz verslizzen ist
Deines sinnes sneide gar.
Wan dein gewin chvmt dar
Da er verlvst harzzen mach
Daz sehe wir wol dvrch den tach.
Swann dv dich rvmest von gewinne
So soldest dv haben avch di sinne
Daz dv erchanst dein verlvst
So liezzest dv deins rvmes gelvst.
Wan dv hast di milt verlorn.
Di erge hastv erchorn.
Di tvgent vmbe vntvgent gegeben.
Vnde wenest nach gewinn streben.

Bild 128r	128r 27ff. (Vers 8241ff.)	nu wil ich raten den herren allen daz siz lieht nin lazzen vallen, wan si suln uns leuhten vor, unz si uns bringet fur daz tor da immer ist der sunne schein:
	128v 7f. (Vers 8253f.)	von reht viel der in di grube der sein lieht niht auf enhube.

Der erste der vier als *daz volch* bezeichneten Männer fordert den Herrn jenseites der *grueb* auf: *leuht wol daz wir gesehen.* Dieser geht mit einer auf den Leuchter gesteckten Kerze in der Hand auf das geöffnete Tor, den Eingang zum Himmel, zu, in dem die Gestirne erstrahlen; zugleich wendet er sich um und ermahnt die ihm Folgenden: *hůt euch vor der grueb.*

A mine leibe od arme gvt.
D az si habent so teschen mvt.
D az si wenent daz ir niht.
G ot gerviche daz geschiht.
J n ze grozzer vnselichait.
M vgen si gedenchen waz arbait.
D i hailigen levte. vnd welich not
V nd waz marter. vnd welihen tot
V nd waz armvt. vnd welich schant
D a bei mag man versten zehant.
D az vnselde grozz selde ist.
S wer sei mit gvt enpheht zaller vrist.
J a wolt avch vnser herre got.
D vlten armvt. vnde spot
D vrst. hunger. vrost. vnd ander not.
D er wolt ze ivngist ligen tot
D er vns allen geit daz leben.
S wem er reichtvm niht wil geben.
V nde let in leben armechleichen
A ls er tet selbe gewisleichen.
E r mocht sin hart vro wesen.
Wil er gelavben daz wir lesen.
S wen er handelt als sich.
Z virnt der des wndert mich.
S wer hie mit im lidet gern di not.
D er lebt mit im wol nach dem tot.
Nv wil ich raten den herren allen.
Daz si ir lieht niht lazzen vallen.
wan si svln vns levhten vor.
Vnz si vns bringet für daz tor.
D a immer ist der svnne schein.
S i mvgen gern da inne sein.

Bild 138v 138v 19ff. (Vers 8915ff.)

Deu erste haizzet grammatica
deu andere Dialetica
deu dritte Rhetorica ist genant
So fint di vier dar nah zehant:
Arismetica und Geometrie
Musica und Astronomie

Die Reihe der Sieben freien Künste mit ihren namhaftesten Vertretern wird von *gramatica* und *priscian*, dem letzten großen Grammatiker des Altertums, eröffnet, die gemeinsam ein aufgeschlagenes Buch vorweisen mit dem Text: *philosophi difiniunt uocem aerem esse tenuem.* Die års erscheint als Lehrmeisterin, auf die sich der Gelehrte beruft.

Bild 139r 1. Im oberen Bildfeld halten *dyalectica* und *Aristotiles* eine große, durch Diagonalen in vier Kompartimente geteilte Lehrtafel. Auf ihr sind Definitionen dialektisch einander zugeordnet: Im mittleren Dreieck oben die Gegensätze: *Omnis* und *nullus*, klassifiziert als *contrarie*, im unteren, als *Subcontrarie* bezeichnet, *quidam* und *quidam non*. Die Inschriften in den seitlichen Dreiecken beziehen sich auf die Diagonalen, die eigentlich die Begriffspaare omnis und quidam non — *Contradictorie Subalterne* — und nullus und quidam — *Subalterne Contradictorie* — miteinander verbinden sollten.

2. Die thronende Rhetorica überreicht dem vor ihr knienden Cicero, kenntlich an der Beischrift *Tullius*, Schild und Schwert mit der Aufforderung: *age deffende*, als Hinweis auf die Möglichkeiten der Redekunst.

3. *Geometria* und *Euclides* halten kniend zwei sich überschneidende Kreise. Die in die Überschneidungsfläche eingefügte Figur ist der Inschrift zufolge ein gleichseitiges Dreieck: *Super linea*m *data*m *triangul*um *equilaterum constituere.*

4. An dem von *Arismetica* gehaltenen Zahlenschema demonstriert *Pitagoras* den Satz: De dupla (statt duplo) nascitur ses*qua*l*te*ra. Das Anderthalbfache der in der oberen Reihe jeweils verdoppelten Zahl wird in der Abfolge nach unten angegeben. Bei den in den Feldern eingeschriebenen Zahlen stehen irrtümlich 14 für 18 und 37 für 27.

5. *Musica* und *Milesius*, der bei Boethius erwähnte Timotheus von Milet, veranschaulichen durch das Schema zwischen ihnen die *Sonor*um *proporcio* mittels der Intervalle, deren Zahlen 6, 8, 4 (statt 9), 12 auf der Querleiste angegeben sind. Darüber spannt sich der Oktavbogen *Dyapason*, dessen Erstreckung durch zwei kleinere sich überschneidende Kreise unterteilt wird. Die oberen Segmente tragen jeweils die Inschrift *Dyapente*, bezeichnen also die Quint, die unteren sind beide mit *dyateseron* beschriftet, als Hinweise auf die Quart.

6. Das letzte Paar bilden *astronomia* und *ptolomeus.* Sie halten ein Gerät zur Messung der Bewegung der Himmelskörper, einen großen, durch ein Koordinatenkreuz markierten Ring, der zwischen ihnen an einem Nagel hängt. Darin ist ein zweiter Ring mit einspringenden Spitzen exzentrisch angebracht.

Het er versuchet grözzern sin.
In derht ain torschaft sein gewin.
Wir haben chunst vil geschriben.
Der sint auz erwelt siben.
List haizz wir di chunst.
Und haizzens sint wan niemen wirst
Der sich dran verlat haben mere
Man vindet da wunnechleich lere.
Dem aigen wirt niht baz zemut
Swann er an sihet sein aigen gut.
Enem weide also wol.
Der an den listen vleizzen sol.
Si haizzet auch dar umbe vrei.
Swer sich dran lat muez sein.
Ane sorgen. unde muz doch haben gut
Ave so daz er seinn mut.
Dehain weise dran chere.
Wan gut verstozzet der list lere.

Diu erste haizzet grammatica.
Dev andere Dialetica.
Dev dritte Rethorica ist genant.
So sint di vier dar nah zehant.
Arismetica. und Geometrie.
Musica. und Astronomie.
Grammatica lert sprechen wol reht.
Dialetica beschaidet daz sleht
Vom chrumben. di warhait.
Vom falsch. Rethorica chlait
Unser rede mit varwe schoene.
Arismetica dev geit zeloene.
Daz man von ir chunst celen sol.
Geometrie lert mezzen wol

139

Mysica mit weise schoene
Geit vns weistum an di doene
Astronomie lert ane wanch.
Der sterne natvre vnd ir ganch.
Wiz envinden niht geschriben.
daz dehain man chvnne di siben.
Noch der cunne list gar.
Daz svlt ir wizzen wol fvriwar.
Di besten di wir an grammatica han
Daz was donatvs vnd Priscian.
Aristarcvs man von reht sol.
Vnder di besten zelen wol.
Dyalectica hat avch ir dier.
Die sint die besten di si hier.
Aristotiles. Boecius.
Zeno vnde Porphirivs.
Rethorica dev hat niht gar.
An frvme levte beweist ir schar.
Die besten waren Tullivs.
Quintilian. Sydonius.
An arismetica der beste was.
Crisippvs. vnde Pytagoras.
An mvsica. Gregorivs.
Micalus. Millesivs.
An geometrie. was Thales.
Der trvrist vnd Evclydes.
Der astronomie schar.
was maister Albvmasar.
Pholomevs. vnter was.
Vnde werveht er Athlas.
Seht der dehainer moeht nu fur war
Jehen er chvnde sein chvnst gar.

Bild 154r	153v 27f. (Vers 9939f.)	swer mit der mazz chan mezzen wol, er tut ez allez als er sol.
	154r 9ff. (Vers 9953ff.)	deu mazze mizzet allerslaht, unmazz hat niht di maht daz si mezze ihts iht. si ist gestrachet und mizzet niht si ist gestrachet unde gesmôgen.

Das unterschiedliche Verhalten von *mazze* und *unmaze* wird beim Ausmessen eines Stoffes deutlich, den beide mit ihren Begleiterinnen halten. Aufgefordert von der ihr zugeordneten *trewe*: *nu tu im sin reht*, versichert die *mazze* mit der Elle in der Hand: *ich maze imz hart wol.* Auf der Gegenseite rät die *untreuve*: *ubergreif mit der hant.* Die Ermahnung: *swige daz siz iht horen*, läßt erkennen, daß die *unmaze* auch ohne diesen Rat auf ihren Vorteil bedacht ist. Rechts erscheint die *unmaze* in lebhafter Bewegung, durch die sie gemäß Vers 9957 charakterisiert wird.

Verliese wir mazze. wage. zal.
Daz ist dem reht ain michel val.
Div mazz geit vns ere vnde gut
Vnmazz ist an vber mut.
Der mazze behalt vnde geit nah reht.
Den herren machet vnmazze ze kneht
Div mazze rihtet burge vnd lant.
Vnmazze bringet schaden vnd schant.
Div mazze nutzet aller slaht.
Vnmazz hat niht di maht.
Daz si mezze ihts iht.
Si ist gestrachet vnd mizzet niht.
Si ist gestrachet vnde gesmogen
Si ist der senne vnd der bogen.
Vnde mach nimen niht.
Wizzet ir wa von daz geschiht.
Ir geschoz ist ane veder gar.
Daz gelaubet wol furwar.
Da von scheuzzet si von dem zil.
Verre. swer wissen wil.
Si scheuzzet minne ode mere
Dann daz schvz eil gere.
Swer sein gevert niht mezzen chan.
Der sol den wolf sehen an.
Der flevhet diez iait man in dar
An seiner fluht di mazze er hat
Daz er dehainer fluht mutte.
Wan darnah vnde der jeger tut
Er wert an seiner fluht wol.
Wan ern lavfet wan so er sol.
An swev der man mezzich ist.
Da wert er an lange vrist.

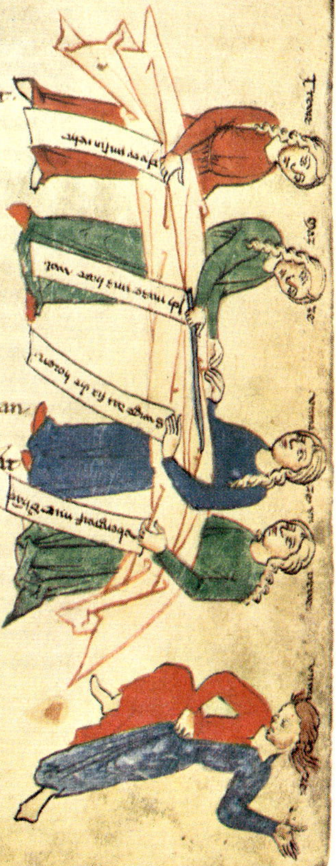

D az man wirt seins neides inne.
Wizzet daz ez chvmt von swachem sinne.
S wer ainn andern schelten wil.
Er sol e gedenchen vil.
Waz an im selbem sei.
V nd sol sich hyten wol da bei.
D az er daz niht verweizzen sol
D az er an sich erchennet wol.
D in tegeleich man wer hvfsch genvch.
W er er so frvm vnd so gefvch.
D az er erchant sein vnhvfschait
S ein.vnzvht. sein vnstetichait.
A n im so wol so er tvt.
A n ains andern manns mvt.
D er selbe hat vntvgende vil
D er nimtes niht war vnd wil
M erchen swaz ain anderre tvt.
V nd sprechen ez ensei niht gvt.
S wer merchet ains andern lecherhait.
M erch avh an sich di trachait.
O b aver er niht trege ist
S o merche ze der selben vrist.
S einn zorn. od sein trvnchenhait.
S ein erge. ode sein geitischait.
S ein vnchevsche. ode seinn vbermvt.
E r tvt reht ob erz tvt.
S wer ainn andern schelten wil.
D az er bege vndinges vil
D er gedenche waz er selbe tvt.
V nd bezzer daz. ez dvnchet mich gvt.
S wer schiltet ains manns zorn.
D er hat sein schelten gar verlorn.

195v 3ff. swer ainn andern schelten wil, *Bild*
(Vers 12761ff.) Er sol e gedenchen vil *195v*
waz an im selbem sei

19ff. swer merchet ains andern lecherhait,
(Vers 12777ff.) merch auh an sich di trachait.
ob ave er niht trêge ist,
so mercher ze der selben vrist
seinn zorn od sein trunchenhait,
sein erge ode sein geirischait
sein uncheusche ode seinn ubermut:

der hohfertige man, der aufgeputzt und selbstbewußt sich auf seinem Faltstuhl zur Schau stellt, wird von einem auf einem einfachen Schemel sitzenden Mann angeprangert: *wi hohfertich d*er *ist*. Bei seiner Kritik gewahrt er jedoch nicht die eigenen Fehler, die ihm zur Seite stehen. Der *zorn* mit der Keule faßt ihn am Arm und bringt sich in Erinnerung: *ich erman dich min; trunchenheit* hat ein Schwert gezückt und stellt klar: *ich bin hie mit den*, während *unchewsse*, bewaffnet mit einer Lanze, verspricht: *ich chum nim*er *von dir*.

Murzechleichen an gesehen.
Sitz avf sein schoezze. daz hab zesehen.
Frvm reitter vnd gvt frauwen.
Vnd weis phaffen svlen dich schauwen.
Ob dich begreiffet ain boeswiht.
So habe des dehain angest niht.
Daz er dich lange getvrrt sehen.
Ich mach des hart wol geiehen.
Daz er an dir siht daz im tvt
vil wndern we inseinem mvt.
So wirfet er dich inain schrein.
Da solt dv ligen bůch mein.
Vnz dv dem chvmst zehant.
Dem dv wirst leiht baz erchant.
Vnd der dich diche vber list.
vnd dich wol handelt zaller vrist.
Nv wis gemant welhischer gast.
Swann dv begreifest ainn edelen ast.
So la dich niht ainn boesen dorn
ziehen dervon. ez ist verlorn.
Swaz man dem wolf sagen mach
Pater noster dvrh den tach.
wan er sprichet doh anders niht
Niwan lamp. alsam geschiht.
Dem boesen mann swaz man im sait
Daz vert (wir di warhait.
Zainen oren avz zem andern in.
wi moeht da beleiben sin.
Da man dernah gedenchet niht.
wizzet daz ain boeswiht.
Mach seinen gedanch niht dwingen.
Ze gvt. von vnnvtzen dingen.

224v 20ff. (Vers 14712ff.)	. . . ez ist verlorn swaz man dem wolf sagen mach Pater noster durh den tach, wan er sprichet doh anders niht niwan lamp.	*Bild 224v*

Der Mann auf der Bank, der dem vor ihm liegenden Wolf eine Tafel mit den Worten: *Pater noster* vorhält, hat die Geißel zum Schlag erhoben und befiehlt: *sprich drate.* Dies hält sein Erziehungsobjekt jedoch nicht ab, den Kopf zu einem grasenden Lamm zurückgewendet, *lamp lamp* zu bellen, ein Bild für den Bösewicht, bei dem gute Lehren, auch die des »Welschen Gastes«, nichts fruchten.

Beschreibstoff

Der Codex Palatinus Germanicus 389 besteht aus 226 Pergamentblättern unterschiedlicher Stärke von meist nicht sehr guter Qualität. An etwa 30 Stellen finden sich Löcher oder ursprünglich vernähte Risse. Durch die ungleichmäßige Bearbeitung des Pergaments tritt die Haarseite mitunter auffällig hervor, zum Beispiel 102^r, 103^v, 131^v, 182^r. Die Blätter sind an den Rändern zum Teil stark abgerieben und vergilbt (vor allem bis fol. 92), manchmal knittrig und gelegentlich durch Einrisse beschädigt (vor allem fol. 14, 73, 116). Nur vereinzelt verläuft der Schnitt eines Blattes etwas schräg; Fehlstellen an den Rändern sind selten. Daß der Kodex durch Feuchtigkeit gelitten hat, lassen Flecken auf den ersten 5 Blättern und auch später noch (u. a. fol. 23ff., 37ff., 44^v, 53ff., 79, 93f., 116, 133ff., 224) vermuten. Auf 4^{*v} und fol. 23^v hat sich teilweise die Textkolumne der folgenden Seite abgedrückt, auf fol. 25 und 55^v ist der Schriftspiegel durch die verlaufene Tinte gebräunt, ohne daß die Lesbarkeit der Schrift davon beeinträchtigt wäre. Stärkere Verschmutzungen sind auf den ersten oder letzten Blättern einzelner Lagen festzustellen, zum Teil auf die Ränder beschränkt, bei fol. 119^v und 120^r, 167^v und 168^r und 216^r auf der ganzen Seite. Blatt 4* zeigt am äußeren Rand den Abdruck einer Gewebestruktur, vermutlich vom Spiegel eines früheren

Einbandes. Ein rostfarbener Fleck, der hier und auf fol. 224 und 225 Löcher bewirkt hat, ist wohl durch die ehemalige Schließenbefestigung bedingt. Weitere Flecken, zum Teil durch fettige Substanz verursacht, finden sich auf fol. 76, 212ff. und 219^v. Tintenschmierer des Schreibers weisen 31^v, 32^r, 154^v, 156^r, 163, 166, 173, 189^r, 197ff. und 202ff. auf; Spuren von der Tinte der Randzeichnungen tragen 67^r, 73^v, 138^v, 153^r, 168^r und 217^r. Auf fol. 6^v ist das Rot des Inkarnats einer der Figuren ein Stück über die Umrißlinie hinausgewischt.

Einrichtung

Die durchschnittliche Größe der 226 Pergamentblätter erstreckt sich auf 174 (–183) × 112(–116) mm. Vorgeheftet sind drei Papierblätter, 1*, 2*, 3*; das erste nichtbeschriebene Pergamentblatt trägt die Bezeichnung 4*. Die anschließende Foliierung mit arabischen Ziffern ist durchgehend bis fol. 38 – wohl aus dem 17. Jahrhundert – mit Tinte, dann von einer späteren Hand mit Blei weitergeführt. Fol. 69 wurde mit Tinte im Abstand nachgezogen. Neueren Datums ist die Beschriftung von fol. 138^v und 139. Nach fol. 199 folgt irrtümlich 110 bis 135. Die fortlaufende Zählung 200 bis 225 ist daruntergeschrieben. Am Schluß drei Papierblätter: 1**, 2**, 3**.

Wann die Handschrift in die Palatina kam, ist nicht bekannt. 1623 gelangte sie mit deren Beständen nach Rom; seit der Rückgabe der deutschen Handschriften 1816 befindet sie sich wieder in Heidelberg. Ihr Einband geht auf die römische Zeit zurück, ebenso die Signatur Pal. Germ. 389. Der Text ist mit 106 (eigentlich 108) Federzeichnungen in brauner, schwarzer und roter Tinte versehen.

Unter den 13 aus der Zeit vor 1500 überlieferten Bilderhandschriften des „Welschen Gasts" ist das Heidelberger Exemplar die älteste, vermutlich 1256 entstanden (s. fol. 33v). Ihre Illustrationsfolge enthält nicht die in anderen Abschriften des Gedichts am Beginn und am Ende zu findenden Tugenden- und Lasterdarstellungen. Mit ihnen zusammen fehlen — bei einem Vergleich mit dem umfangreichsten Zyklus in einer in Gotha aufbewahrten Handschrift von 1340, die aber, auch in den Miniaturen, wohl auf eine Vorlage von 1240 zurückgeht, — 14 Bilder. Die Wiedergabe des den Mantel teilenden heiligen Martin auf fol. 59v kommt nur in Pal. Germ. 389 vor. Auch wenn sich zwischen den erhaltenen illustrierten Handschriften nur in einem Falle direkte Beziehungen nachweisen lassen, deutet doch alles darauf hin, daß bereits in der ersten Hälfte des 13. Jahrhunderts eine einheitliche Redaktion des Zyklus vorlag, die für die späteren Abschriften maßgeblich war.

Als unzutreffend hat sich die bisherige Annahme erwiesen, daß die Illustrationen des Heidelberger

Kodex nur von einer Hand herrührten. Bei genauerem Zusehen lassen sich eindeutig drei Zeichner unterscheiden. Der erste hat die Illustrationen bis 31v ausgeführt; dann folgen bis 48v 16 Bilder einer anderen Hand, die durch die dritte abgelöst wird. Ihr Anteil umfaßt mehr als die Hälfte der Miniaturen. Man kann vermuten, daß die Ausschmückung sukzessive vorgenommen wurde, d. h. nicht alle drei Zeichner gleichzeitig mit den ihnen zugeteilten Lagen beschäftigt waren.

Der erste Zeichner umreißt die Figuren und Gegenstände mit einem gleichmäßigen Strich in brauner Tinte, der die Konturen vereinfacht und bei aller Unbekümmertheit Sicherheit verrät. Die Bewegung der vielfach schmalen Körper mit den zum Teil großen Köpfen und Händen ist vom Ausdruckshaften her erfaßt, nicht von ihrem Ablauf. So genügt die verbogene Gebärde der gekrümmten Bosheit auf fol. 2r weniger der Wahrscheinlichkeit einer momentanen Stellung als der Kennzeichnung ihres Wesens, ebenso die bucklige Willfährigkeit des Bösewichts; bei der Figur zwischen ihm und dem Frommen wird die Haltung überformt durch die Funktion des Zeigens. Gewiß war diese ganz auf den Ausdruck gerichtete Art der Bilderzählung bereits in der Vorlage gegeben, aber sie entsprach dem Stilwillen des Kopisten. Ein Vergleich mit Hand 3 erweist ihn als den altertümlicheren. Für die Figurationen des jüngeren ist zwar das Vorbild in seiner Pointiertheit ebenfalls maßgeblich gewesen, doch nähern sich hier Gebärde und Haltung mehr den natürlichen Gegebenheiten, wie die Gestalt des Zeigenden mit den sich überkreuzenden Armen auf fol. 99v deutlich macht. Besonders aufschlußreich erscheint die unterschiedliche Formulierung der in der Vorlage sicher identischen Figur der Bosheit unter den Füßen des Frommen.

Bei dem ersten Zeichner bringt man das Liegen und die Zurückwendung zu dem siegreichen Gegner nicht in Bezug zur Realität; die Personifikation wirkt in ihrer Körperlosigkeit vielmehr wie eine Chiffre für Überwindung und ohnmächtiges Aufbegehren. Vor allem die vorgestreckten Arme und der in dieser Haltung unvermittelt emporgereckte Kopf bestimmen den Eindruck. Beides wird in der anderen Formulierung so verändert, daß die Bewegung sich aus der Lage zu ergeben scheint. Die Anordnung der Arme suggeriert die Vorstellung des Aufstützens, aus dem die Drehung mit dem natürlicher anmutenden Aufrichten des Kopfes erfolgt. Dem Zuwachs an Wirklichkeitsnähe durch die Modifikation steht in dem zuerst erwähnten Beispiel eine größere Intensität des Ausdrucks gegenüber. Auch die beiden Gesichter unterscheiden sich im nämlichen Sinne. Anstelle der fratzenhaften Bildung mit der weit vorspringenden Nase und der gleichfalls nach vorn gezogenen Mundpartie, geformt aus Bogenschwüngen und Schrägen, ist bei Hand 3 die Profillinie ausgeglichener, den natürlichen Verhältnissen angepaßt, dafür jedoch minder ausgeprägt.

Der zweite Zeichner fällt durch seine Unbeholfenheit auf. Er verringert die Figurengröße und führt den Umriß mit wenig sicherem Strich ebenfalls in brauner Tinte aus. Die Bewegungen sind lahm und die Gebärden besitzen keine Ausdruckskraft. Köpfe und Hände sind im Verhältnis zum Körper bald zu groß, bald zu klein (fol. 33v).

Der dritte Zeichner ist schon daran erkennbar, daß er schwarze und rote Tinte verwendet und sie bewußt zu Kontrastwirkungen mit der Farbe einsetzt. Durch den flotten an- und abschwellenden Strich, mit dem er die Umrisse und Binnenstrukturen ausführt, erhalten die Figuren in ihren Wendungen und Bewegungen eine gewisse Dynamik — im Gegensatz zum ersten Zeichner, der in der Regel zwischen stärkeren Linien für die Konturen und schwächeren für die Falten unterschieden hat und statt der Beweglichkeit die Gebärden als Ausdrucksformen wiedergibt. Auch die Steigerung der Figurengröße, besonders auffallend im Vergleich mit den unmittelbar vorausgehenden kümmerlichen Gestalten von Hand 2, macht den Wechsel deutlich. Durch die stilistischen Gegegebenheiten wird die auf Grund des Schreiberbildes (fol. 33v) anzunehmende Datierung der Handschrift 1256/60 bestätigt. Manches spricht dafür, daß sie im Umkreis von Kloster Scheyern entstanden ist.